Lebensmut finden und geben

Dan Millman

Lebensmut finden und geben

Aus dem Englischen
von Jochen Eggert, Erika Ifang
und Annemarie Döring

Integral

Zusammengestellt von Diane von Weltzien

Dieser Band enthält ausgewählte Kapitel aus folgenden Büchern:
»Spirituelle Lebensqualität« (amerikanische Originalausgabe: »Living On Purpose«, erschienen 2000 bei New World Library, Kalifornien, USA, © 2000 by Dan Millman)
»Die Lebenszahl als Lebensweg« (amerikanische Originalausgabe: »The Life You Were Born to Live«, erschienen bei H.J. Kramer, P.O. Box 1082, Tiburon, California 94920, USA, © 1993 by Dan Millman)
»Die universellen Lebensgesetze des friedvollen Kriegers« (amerikanische Originalausgabe: »The Laws of Spirit«, erschienen bei H.J. Kramer, California, USA, © 1995 by Dan Millman)
»Die Goldenen Regeln des friedvollen Kriegers« (amerikanische Originalausgabe: »No Ordinary Moments«, erschienen bei H.J. Kramer, California, USA, © 1992 by Dan Millman)

Der Integral-Verlag ist ein Unternehmen
der Econ Ullstein List Verlag GmbH & Co. KG

ISBN 3-7787-9092-7

Copyright © 2002 für die deutsche Ausgabe by
Econ Ullstein List Verlag GmbH & Co. KG, München
Alle Rechte sind vorbehalten. Printed in Germany.
Gestaltung, Satz und Einband:
Privatakademie Leonardo, Hamburg
Druck und Bindung: Pustet, Regensburg

INHALT

Das Leben verwandeln 7

Wahlfreiheit 19

Erwartung 39

Selbstwertgefühl 51

Der gegenwärtige Augenblick 83

Jetzt 91

Alltag 103

Vertrauen 119

Glaube 131

Das Herz öffnen 143

DAS LEBEN VERWANDELN

Sie selbst erzeugen Ihre Träume und Alpträume, indem Sie dem schlicht Vorhandenen Widerstand entgegensetzen.

Wenn Sie Freiheit wollen, schließen Sie Frieden mit dem Unerklärlichen.

Wenn Sie Ihr Leben verwandeln möchten, ändern Sie etwas an Ihren Erwartungen.

Das Leben entspringt dem Unerklärlichen: Augenblicke entfalten sich, Dinge ereignen sich. Dann schreiben wir dem Geschehenden eine Bedeutung zu. Wir sehen die Dinge nicht wie sie sind, sondern wie wir sind. Und indem wir die Welt durch die Brille der Deutung und Erwartung sehen, machen wir aus dem, was einfach da ist, ein Drama, eine Komödie, eine Tragödie, eine phantastische Geschichte oder eine Seifenoper. So erzeugen wir selbst unsere Träume und Alpträume, und Streß entsteht dadurch, daß wir dem schlicht Vorhandenen Widerstand entgegensetzen.

Wer Freiheit will, der schließe Frieden mit dem Unerklärlichen; wer seine Welt von Grund auf neu gestalten möchte, der ändere seine Erwartungen. Die Wirklichkeit ist nicht das, was wir denken.

> Ein und denselben Tumult am Himmel erleben die
> Tauben als Blitz und die Blinden als Donner.
> George Santayana

Frage: *Ich bemühe mich, Schmerzen und Leiden in der Welt hinzunehmen und nicht an der Menschheit irre zu werden. Aber wie können die spirituellen Lehrer sagen, alles sei so, wie es sein soll? Wie können sie die Welt als vollkommen ansehen,* *während Tiere für Experimente gequält werden, während die Welt voller Krieg, Ungerechtigkeit und Habgier ist?*

Antwort: In dieser Welt sind Schönheit und Häßlichkeit, Güte und Grausamkeit. Die Frage ist: Woran heften wir unsere Aufmerksamkeit? Ein anonymer Dichter schrieb: »Zwei blickten durch Gefängnisgitter, der eine sah Schmutz, der andere Sterne.« Sie fühlen mit den wachsenden Schmerzen der Menschheit; aber lassen Sie Ihr empfindsames Herz Trost finden in Schönheit, Hoffnung und Humor, die es in dieser Welt ja auch gibt.

Wenn wir die Welt ausschließlich von unseren Idealen her betrachten, wird sie uns nie genügen. Hier eine kleine Geschichte, die zeigt, wie Erwartungen und Vorannahmen sich auf unsere Wahrnehmung auswirken:

Ein Bauer vermißte in seinem Geräteschuppen eine Axt. Sein Verdacht fiel auf den Nachbarjungen. Er fand, der sehe aus wie ein Dieb, verhalte sich wie ein Dieb und spreche wie ein Dieb. Dann fand der Bauer seine Axt jedoch wieder, und da sah der Sohn des Nachbarn wieder aus wie jeder andere kleine Junge, handelte und sprach wie ein kleiner Junge.

Schatten gibt es in der Welt und in uns, doch das sollte uns nicht blind machen für das Licht. Halten Sie sich daher an den hilfreichen Gedanken, daß für uns die Zeit des Heranwachsens nicht leicht war und es auch für die Menschheit insgesamt nicht leicht ist, reif und erwachsen zu werden. Manche Dinge mögen wir uns anders wünschen, doch die Welt nimmt nun einmal den Weg, den sie ganz einfach nehmen muß. Wir können dabei nichts anderes tun, als unsere Sicht der Dinge zu ändern und den tieferen Sinn unserer Wachstumsschmerzen zu erkennen.

> **Wer alles ihm Aufgetragene vollbringen will, muß sich mehr Größe zubilligen, als er besitzt.**
> **Johann Wolfgang von Goethe**

Sehen Sie sich um, ob Sie nicht doch auch Heldentum und Mitgefühl entdecken; lassen Sie sich davon inspirieren und Halt geben, wenn die Nachrichten voller Kriege, Greuel und menschlicher Torheiten sind. Die Nöte und Schmerzen, die wir verursachen oder selber leiden, sind nicht »in Ordnung«, aber trotzdem vollkommen in dem Sinne, wie ein Vulkanausbruch oder eine Sternenexplosion vollkommen sind: Solche Dinge geschehen in Gottes Universum. Wollen wir uns anmaßen zu wissen, wie die Welt sich entwickeln wird oder soll?

Ich möchte Ihnen die Geschichte eines krebskranken Footballspielers erzählen: Als sein Coach ihn im Krankenhaus besuchte und fragte, wie es ihm gehe, lächelte er tapfer und sagte: »Soweit ganz gut«, aber sein hohläugiger Blick sprach eine ganz andere Sprache.

Nach einer langen Pause beugte sich der Trainer über das Gesicht seines Spielers und sagte: »Hör zu, Mike, ich brauche dich im Juli beim Trainingslager auf dem Platz, und zwar einsatzbereit. Dieses Jahr gehen wir aufs Ganze.«

Mike Westhoff, der seine Krebskrankheit inzwischen überwunden hat, ist Trainer der Miami Dolphins. Über seinen Coach Don Shula sagt er: »Er sprach das in mir an, was ich sein konnte, und nicht das, was ich war. Das gab für mich den Ausschlag.«

Schwere Zeiten gehören zum Leben – ob Sie darin etwas Tragisches oder Heroisches sehen, ob Sie es sinnlos finden oder glauben können, daß es für irgend etwas gut ist, liegt ganz bei Ihnen. Es steht Ihnen frei, Sinn zu sehen oder Wahnsinn, ein Licht anzuzünden oder die Finsternis zu verwünschen. Sie können die Welt nicht heilen, nur sich selbst. Nehmen Sie das Leben, wie es ist. Wenn Sie eine freundlichere Welt möchten, seien Sie freundlich; möchten Sie Frieden in der Welt, dann schaffen Sie Frieden in sich selbst.

Lassen Sie also die Erwartungen weg, und befreien Sie Ihr Leben. Nur aus eigener Freiheit können Sie andere befreien.

> Die größte Entdeckung meiner Generation ist die,
> daß Menschen ihr Leben ändern können,
> wenn sie ihre geistige Haltung ändern.
> William James

Frage: *Wie ich höre, sind Ihnen Taten wichtiger als Gefühle und Überzeugungen. Ich glaube, daß wir uns aufgrund unserer Gefühle als lebendig erleben. Ist es nicht falsch, unsere Gefühle zu ignorieren?*

Antwort: Ich bin gar nicht für das Ignorieren unserer Gefühle, sondern sage, daß sie voll und ganz akzeptiert werden müssen. Die Gefühle annehmen heißt aber nicht, daß wir uns ihnen unterwerfen sollen. Wir können trotz all unserer Gefühle und Erwartungen zielstrebig leben und handeln, aber sie färben natürlich unsere Wahrnehmung, und das kann auf unser Verhalten durchschlagen.

Wenn ich Menschen als vertrauenswürdig (oder nicht vertrauenswürdig) erachte, werde ich mich entsprechend verhalten und meine Erwartungen immer wieder bestätigt sehen. Wenn man einen Wochenendausflug mit Zelten vorschlägt, denken manche an Naturschönheit, an prasselndes Lagerfeuer und köstliche Dinge, die man da rösten, backen, grillen kann, an den nächtlichen Sternenhimmel. Anderen fällt zum gleichen Thema nur Enge, Ungeziefer, Dreck und Plumpsklo ein. Die Erwartungen werden sich mehr oder weniger stark auf das Verhalten auswirken, aber sie müssen uns nicht unbedingt beherrschen. Wir können uns gegenüber negativen Erwartungen durchsetzen, und dann müssen sie unser Leben nicht unnötig einschränken.

*Dem trüben und stumpfen Geist ist die Natur bleiern.
Für den Erleuchteten jedoch
ist die ganze Welt ein Lichterfunkeln.
Ralph Waldo Emerson*

»Mit unseren Gefühlen gehen« – das heißt ja nicht, daß wir jeden Impuls einfach ausleben, sondern daß wir auf unsere Intuition vertrauen. Ein ganz nach den ständig wechselnden Emotionen ausgerichtetes Leben wird in Richtung Chaos tendieren, wie ein durch zu viele Felder irritierter Kompaß. Geisteskrankheit ist unter anderem definiert als zwanghaftes Ausleben aller Gedanken und Gefühle. Aber solange wir nicht wirklich geisteskrank sind, können wir Verwirrung, sexuelle Begierde, Furcht, ja sogar Mord- oder Selbstmordgelüste empfinden, ohne gleich zu entsprechendem Handeln gezwungen zu sein.

Der eine glaubt, daß er kann, der andere glaubt, daß er nicht kann – und beide haben recht.
Henry Ford

Der Einfluß der Gefühle und Erwartungen auf das Verhalten kann zu unserem Nutzen oder Schaden sein. Wichtig ist, daß wir uns dieses Einflusses überhaupt bewußt sind. Dann können wir ihn nutzbar machen, wie das folgende Beispiel zeigt:

George, ein Mathematikstudent höheren Semesters, kam einmal zu spät zur Vorlesung und konnte nur noch schnell zwei mathematische Probleme von der Tafel abschreiben, die, so nahm er an, als Hausaufgabe gestellt worden waren. Sie erwiesen sich als äußerst schwierig – das Schwierigste, was der Professor sich je hatte einfallen lassen. George arbeitete bis spät in die Nacht und am nächsten Abend wieder, doch wie er sich auch abmühen mochte, er kam nicht auf die Lösung. Er ließ jedoch nicht locker, und etliche Tage später gelang ihm der Durchbruch. Am nächsten Tag legte er seine Lösung zu den Papieren, die der Professor auf seinem Tisch liegen hatte. Ein paar Tage später, es war Sonntag, wurde George durch lautes Klopfen an der Tür geweckt. Wie staunte er, als sein Professor vor der Tür stand und aufgeregt rief: »George, George, Sie haben sie gelöst!«

»Ja«, sagte er, »das sollte ich doch, oder?«

Der Professor erklärte, es habe sich nicht um Hausaufgaben gehandelt, sondern um zwei berühmte mathematische Probleme, an denen die größten Mathematiker der Welt sich schon die Zähne ausgebissen hatten – und George hatte sie in ein paar Tagen gelöst. Heute ist George Dantzig Mathematikprofessor an der Stanford University. Seine großartige Leistung könnte als Vorlage für den entscheidenden Knackpunkt in *Good Will Hunting* gedient haben. Hätte er gewußt, daß es sich um zwei berühmte, noch ungelöste Probleme handelte, vielleicht hätte er es dann gar nicht erst versucht. So aber ging er davon aus, daß es sich um zwar schwierige, aber lösbare Aufgaben handelte – und löste sie.

Wenn wir auf unsere Erwartungen und Gefühle achten, lernen wir aus ihnen, und dann stehen sie einem zielstrebigen Leben nicht im Wege.

Es ist nicht leicht, mit negativen Erwartungen und

Gefühlen doch konstruktiv zu handeln – wie es auch für einen Alkoholiker nicht leicht ist, trocken zu bleiben, oder wie freundliche Worte uns nicht leichtfallen, wenn wir verärgert oder traurig sind. Doch ob wir es nun leicht oder schwer haben, auf jeden Fall entscheidet unser Verhalten darüber, wie wir leben.

Am Ende dürfte es das beste sein, anstelle unserer Erwartungen eine Haltung neutraler Wachheit einzunehmen: gespannt und bereit, allem entgegenzusehen, was das Leben uns bringen mag; das Leben anzunehmen, wie es sich vor uns entrollt.

Wie oft halten wir die Grenzen unseres Sehvermögens für die Grenzen der Welt.
Arthur Schopenhauer

Welche Erwartungen hegen Sie?

Verwenden Sie ein paar Minuten darauf, über das Folgende nachzudenken und so Aufschluss zu erhalten, zu welcher Sorte von Erwartungen Sie neigen.

Wenn von Kreuzfahrten die Rede ist, denken Sie dann an frische Meeresbrise, reichhaltige Mahlzeiten, Shuffleboardspiele am Pool, Tanz unter dem Sternenhimmel, exotische Anlaufhäfen? Oder gehen Ihre Assoziationen in Richtung rauhe See, enge Kabinen, Seekrankheit ... Titanic? Wenn Sie schon mal eine Kreuzfahrt – oder einen Campingurlaub – gemacht haben, war die Wirklichkeit dann so, wie Sie sie erwartet hatten, oder gab es auch Überraschungen?

Positive Erwartungen führen nicht unbedingt zu positiven Erlebnissen. Allzu hochgesteckte Erwartungen ziehen gern Enttäuschungen nach sich, wenn die Wirklichkeit ihnen nicht entspricht.

AHLFREIHEIT

Wir haben im Leben grundsätzlich die Wahl, ob wir uns erweitern oder uns zusammenziehen wollen, ob wir unsere Schaffens- und Ausdruckskraft positiv oder negativ zur Geltung bringen wollen. Wie unsere Lebensumstände auch sein mögen, es steht in unserer Macht, die Richtung zu wählen.

In jedem von uns stecken Helden; sprich zu ihnen, und sie kommen hervor.
Anonym

Die meisten Lebewesen auf der Erde haben einen verhältnismäßig engen Spielraum für bewußte Entscheidungen; sie orientieren sich in erster Linie durch Instinkt und Anpassung. Im Gegensatz dazu besitzen wir Menschen weitreichende Entscheidungskraft. In unserem Alltagsleben haben wir ständig die Wahl und können unseren freien Willen üben – ob wir aufstehen oder im Bett bleiben wollen, was wir frühstücken wollen, was wir mit dem Tag anfangen wollen, ob wir unseren Beruf wechseln wollen, ob wir noch etwas lernen wollen, ob wir eine Beziehung fortsetzen wollen und so weiter.

Je nach unseren Umständen stehen wir mehr oder weniger häufig vor einer Wahl. Geisteskrankheiten oder andere Behinderungen können unsere Entscheidungsfreiheit beeinträchtigen oder einengen, während geistige Klarheit sie vergrößert. Sicherlich haben wir nicht alle die gleichen Möglichkeiten, was unsere Umstände betrifft; wenn wir zum Beispiel reich sind, steht es uns frei, zum Abendessen ins Ausland zu fliegen; leben wir hingegen in einem armen Land, würden wir zwar gerne etwas essen, finden aber nichts. Sind wir bettlägerig, würden wir gern wandern gehen, sind aber nicht dazu in der Lage, außer in unserer Phantasie. Körperliche Gebrechen können uns tatsächlich in unseren physischen Möglichkeiten einschränken. Im Gesetz der Wahlfreiheit geht es jedoch um die Macht und Verantwortung der Wahl, wie wir auf unsere Lebensumstände reagieren wollen – eine Macht, die wir nie verlieren, solange wir leben.

> **Wir müssen leben, und wir müssen sterben,**
> **alles andere erfinden wir selbst.**
> **Anonym**

Manchmal haben wir das Gefühl, als würden unsere Familie, unser Arbeitgeber, unsere Freunde, die Umstände oder Gott die Wahl für uns treffen. Wenn uns unser Arbeitgeber zum Beispiel sagt: »Sie müssen Überstunden machen, andernfalls werden Sie entlassen«, haben wir unserem Empfinden nach keine Wahl mehr. Aber das stimmt nicht; wir haben die Wahl und treffen eine bewußte Entscheidung, indem wir anerkennen, daß jede Entscheidung Folgen hat.

Wir können einen leichteren oder einen schwereren Weg wählen. Nur selten entscheiden wir uns für den mühseligeren Weg, es sei denn, er verheißt uns auf die Dauer etwas Gutes oder bringt uns schneller an unser Ziel. Je geringer die

Zahl unserer verworrenen oder einengenden Überzeugungen ist, um so größer ist unsere Entscheidungsmacht.

Allerdings müssen wir auch auf die intuitiven Botschaften aus unserem Unterbewußtsein vertrauen, durch die wir uns vielleicht entscheiden, Erfahrungen oder Bekanntschaften zu machen, an denen wir bewußt gar nicht interessiert sind, die wir wahrscheinlich aber zu unserem eigenen Besten brauchen. Je mehr wir das Gesetz der Wahlfreiheit zu würdigen wissen, um so eher können wir unser Leben sinnvoll und frei gestalten und die Verantwortung für die jeweilige Richtung übernehmen, in die wir gehen, statt das Leben als etwas zu betrachten, was uns einfach zustößt. Dann wandern wir nicht mehr durchs Leben und fragen uns, ob wir auf dem rechten Weg oder mit dem richtigen Partner zusammen sind oder den richtigen Beruf haben, sondern erkennen, daß wir diese Umstände und Menschen selbst gewählt haben. Mit dieser Erkenntnis stellt sich auch die Kraft ein, unsere Wahl anzunehmen, die Verantwortung für unser Leben zu übernehmen und dann vielleicht neue Entscheidungen zu treffen. Wenn wir uns je machtlos fühlen in einer bestimmten Situation, ist es Zeit, uns daran zu erinnern, daß wir die Macht der Wahl haben.

Nach dem Lebenssinn-Programm haben wir vor allem in den beiden ausschlaggebenden Bereichen der Kreativität und des Ausdrucks die Wahl, uns zu erweitern oder uns zusammenzuziehen, etwas aufzubauen oder zu zerstören.

Wir können entscheiden, ob wir uns eher positiv oder aber negativ zum Ausdruck bringen.

Jeder von uns besitzt schöpferische Lebensenergie, und jeder von uns besitzt die Fähigkeit, sich auszudrücken. Wir können uns entscheiden, ob wir uns eher positiv schöpferisch betätigen und zum Ausdruck bringen wollen oder aber negativ. Nicht immer haben wir das Gefühl, die freie Entscheidung zu haben. Manchmal glauben wir, daß bei uns Kreativität und Ausdrucksvermögen unterdrückt oder gar nicht vorhanden sind. Vielleicht haben wir auch Angst oder sind gehemmt. Doch je mehr wir die Entscheidungsmacht zu schätzen wissen, um so mehr bestimmen wir selbst, wie sich unsere schöpferische Energie Bahn bricht und wir uns ausdrücken wollen.

Wahlfreiheit im Bereich der Kreativität

Wir sind konstruktiv kreativ oder destruktiv kreativ; in beidem findet die schöpferische Energie ihren Ausdruck.

Alles, was existiert, besteht aus Energie, und Energie kann sich innerhalb eines Spektrums manifestieren, das von positiv bis negativ reicht. Mit elektrischem Strom kann zum Beispiel eine Stadt beleuchtet oder ein Menschenleben ausgelöscht werden. Auch Geld ist eine Form von Energie, die wir positiv oder negativ nutzen können, indem wir beispielsweise etwas zu wohltätigen Zwecken spenden oder einen dringend benötigten Urlaub nehmen oder indem wir jemanden für ein Verbrechen bezahlen.

Schöpferische Energie hat eine drängende, dynamische Qualität und muß zum Ausdruck kommen; sie ist dazu da, zu fließen und benutzt zu werden. Sie ist ein zweischneidiges Schwert: Wird sie nicht konstruktiv genutzt, entlädt sie sich auf destruktive Weise. Ist unsere schöpferische Energie blockiert wie Wasser durch eine Staumauer, kehrt sie sich gegen uns und erzeugt einen Druck, der uns körperlich, geistig und seelisch Schmerzen bereitet. Übergewicht ist zum Beispiel häufig ein Anzeichen für angestaute Energie.

Zu den positiven Erscheinungsbildern kreativer Energie gehören unter anderem die Künste – Musik, Malerei, Bildhauerei, Schriftstellerei, Schauspiel usw. –, aber sie kann sich auch in der Gründung einer Familie, in der Kindererziehung, in innovativen Lösungen für wirtschaftliche Probleme, in der Pflege von Pflanzen oder Tieren voll und ganz verwirklichen. Schöpferische Energie kann in jedes Betätigungsfeld einfließen, ob in einen Pflegeberuf, ein Handwerk, die Innenarchitektur oder tausend andere Tätigkeiten.

Schöpferische Energie kann immer konstruktiv oder destruktiv verwendet werden.

Pablo betätigt sich vielleicht schöpferisch als bildender Künstler, Theodor hingegen arbeitet als Fälscher. Karina macht von ihrer schöpferischen Energie und ihren flinken Fingern beim Gitarrespielen Gebrauch, Margarete als Taschendiebin. Der eine benutzt Sprache kreativ dazu, um Geschichten zu erzählen, während der andere damit die tollsten Lügen auftischt. All diese Beispiele zeigen anschaulich, daß schöpferische Energie sowohl konstruktiv als auch destruktiv verwendet werden kann.

Viele Gefängnisinsassen sind äußerst kreativ; sie können wunderbar zeichnen, malen, singen, spielen und schreiben, aber sie haben ihre schöpferische Energie in negative Bahnen gelenkt: Sie haben Raubüberfälle geplant, Leute um ihr Geld gebracht, gelogen und betrogen usw.

Blockierte schöpferische Energie schlägt sich entweder in körperlichen Krankheiten und Beschwerden nieder oder bricht sich im übermäßigen Genuß von Tabak, Alkohol, Drogen, Essen oder Sex Bahn. Wenn diese Art der Energiefreisetzung zur Regel, zwanghaft oder chronisch wird, kann sie sich zur echten Sucht auswachsen.

Sobald wir erkannt haben, daß wir mehr oder weniger bewußt eine Wahl getroffen haben, wie wir mit unseren schöpferischen Energien verfahren wollen, können wir auch andere Möglichkeiten finden, um uns diese Energien zu erschließen und sie so zu kanalisieren, daß auch andere davon beflügelt und aufgerichtet werden und Lohn statt Strafe empfangen. Wie zerstörerisch oder blockiert unsere schöpferische Energie in der Vergangenheit auch gewesen sein mag, dies kann sich ändern, wenn wir von unserer Entscheidungsmacht Gebrauch machen. Indem wir uns dafür entscheiden, unsere schöpferische Energie auf positive, lebensbejahende Weise, unter anderem auch durch tägliche

Bewegung, zum Ausdruck zu bringen, können wir den Lauf unseres Lebens verändern.

Die folgenden Übungen sollen Ihnen helfen, sich das Gesetz der Wahlfreiheit zunutze zu machen.

Die kreative Wahlfreiheit erfahren

1. Überlegen Sie, wie sich Ihre schöpferische Energie grundsätzlich äußert.
   Fließt Ihre Energie in kreative Projekte und Aktivitäten ein, oder ist sie blockiert?
   Falls Sie das Gefühl haben, daß Ihre Energie blockiert ist: Haben Sie irgendwelche körperlichen Beschwerden? Wie könnten Sie auf angenehme, konstruktive Weise von dieser Energie Gebrauch machen?
   Welche Form des Ausgleichs, der Auflösung oder Ableitung finden Sie für Ihre schöpferische Energie, wenn sich Druck aufgebaut hat?
   - Treiben Sie Sport?
   - Rauchen Sie?
   - Reden Sie viel?

- Trinken Sie Alkohol, oder nehmen Sie Drogen?
- Essen Sie zuviel?
- Werden Sie verstärkt sexuell aktiv?
2. Bei diesen Fragen geht es nicht um eine moralische Wertung; die oben angeführten Alternativen sind weder »gut« noch »böse«, sondern nur mehr oder weniger konstruktive Möglichkeiten, der Kreativität zum Ausdruck zu verhelfen.
    - Wie wollen Sie Ihre Kreativität in Zukunft nutzen?
    - Werden Sie von Ihrer Entscheidungsmacht Gebrauch machen?

Die kreative Wahlfreiheit anwenden

1. Stellen Sie eine Liste konstruktiver und weniger konstruktiver Möglichkeiten zusammen, wie Sie von Ihrer Kreativität Gebrauch machen.
2. Denken Sie über Ihre Liste nach, und überlegen Sie, wie Sie Ihr Leben gestalten wollen. Vielleicht wollen Sie gar keine Veränderungen durchführen, oder Sie entscheiden sich für das Wagnis, etwas Neues auszuprobieren.

3. Gehen Sie, falls Sie mit Alkohol, Tabak oder anderen Drogen, mit Essen oder Sex Mißbrauch treiben, folgende Vorschläge daraufhin durch, ob sie Ihnen helfen können, Ihre Energie und Ihr Leben zu verändern.
   - Schließen Sie sich einer Selbsthilfegruppe an, und halten Sie sich an deren Programm; bei Suchtverhalten ist die Unterstützung einer Gruppe außerordentlich wichtig.
   - Unterwerfen Sie sich einem regelmäßigen Körpertraining, durch das der Druck, der Suchtverhaltensweisen bei Ihnen auslöst, ausgeglichen und auf konstruktive Weise abgeleitet wird.
   - Gehen Sie zu einer Beratungsstelle oder einem Psychotherapeuten, um Ihre tieferliegenden Probleme zu ergründen.
4. Erkunden Sie neue Möglichkeiten, wenn Sie sich aus Unsicherheit oder aus dem Gefühl heraus, nicht gut genug zu sein, bisher nicht schöpferisch oder künstlerisch betätigt haben; fassen Sie sich ein Herz, und bringen Sie Ihre Kreativität zum Ausdruck.
   - Nehmen Sie an einem Kunst- oder Schauspielkurs teil; erfinden Sie Kurzgeschichten, oder schreiben Sie Tagebuch; widmen Sie sich einem Kunsthandwerk

oder Hobby; stellen Sie Ihre Möbel um, tapezieren Sie neu, oder gestalten Sie sonstwie Ihre Wohnung anders; helfen Sie jemandem, ein Problem zu lösen; arbeiten Sie im Garten; gehen Sie einer ehrenamtlichen Tätigkeit nach. Alles das sind positive Beispiele für eine kreative Betätigung.

Wahlfreiheit im Bereich des Ausdrucks

Wir können uns konstruktiv zum Ausdruck bringen; wir können uns destruktiv zum Ausdruck bringen; in beidem manifestiert sich die Ausdruckskraft.

Die Ausdruckskraft drängt nach Manifestation. Meistens drücken wir uns und unsere Gefühle im Gespräch mit anderen aus, aber praktisches Tun, Kunst und Handwerk sind ebenfalls Möglichkeiten, durch die wir uns zum Ausdruck bringen können.

Eine Ausdrucksform für sich zu finden bedeutet mehr, als nur zu reden oder Ideen und Informationen auszutauschen. Ausdrucksenergie ist *emotionale* Energie, ist Empfinden; dieses Empfinden mag sich als Ärger, Trauer oder Angst zeigen, die herauswollen; es kann sich aber auch in Freude und Begeisterung äußern, die ebenfalls auf Ausdruck drängen.

Wenn wir unsere Gefühle nicht zum Ausdruck kommen lassen, zeigt sich diese Blockierung oft in Form von Kopfschmerzen, Halsschmerzen, Magengeschwüren, Verdauungsschwierigkeiten, Schmerzen im unteren Rücken, Gebärmuttergeschwülsten, Prostatabeschwerden, Muskelverspannungen, Steifheit und anderen Symptomen und

Krankheiten. Ein Grund dafür, warum ältere Menschen in der Regel mehr Beschwerden haben, ist der, daß sie ihre Gefühle länger angestaut haben, ohne sie auszudrücken. Wir können jedoch wieder jung und vital werden, wenn wir die notwendigen Schritte unternehmen, um unseren Körper zu heilen, und uns gleichzeitig neue Verhaltensweisen zulegen und neue Wege finden, uns frei und offen zum Ausdruck zu bringen.

Kreativ verwirklichen kann man sich auch, wenn man allein ist, zum Beispiel indem man malt oder sich mit Modellbau beschäftigt, aber zum Ausdruck gehören Beziehungen – jemanden, der das annimmt, was wir ausdrücken wollen, der bereitwillig zuhört, der unserer Aufführung zusieht oder unsere Werke bewundert. Unser Publikum können Erwachsene, Kinder oder auch Tiere sein, zu denen wir eine Beziehung aufgebaut haben (und die gut zuhören, ohne uns zu verurteilen oder zu kritisieren).

> **Wie immer wir uns auch ausdrücken, stets sind dabei Emotionen im Spiel.**

Bei manchen Menschen ist die Ausdrucksenergie so groß, daß sie, hat sie sich zuerst einmal vielleicht nur unter vier

Augen Bahn gebrochen, bald mit zunehmendem Selbstvertrauen einen größeren Kreis in der einen oder anderen Form mit einbezieht. In welcher Art auch immer wir uns ausdrücken – ob durch Symphonien, Vorträge oder Volkstheater –, stets können wir dadurch Gefühle übermitteln oder auslösen und sind emotional beteiligt.

Positiv äußert sich die Ausdrucksenergie in anregender, mitreißender, konstruktiver, erhebender Kommunikation, etwa im Reden, Singen, Theaterspielen, Musizieren, Schreiben oder in anderen Künsten. Negativ manifestiert sie sich im Spotten, Klagen, Kritisieren oder Jammern. Dann zieht sie herab, verletzt oder vernichtet und kann andere in der Luft zerreißen.

Menschen mit einer Menge Ausdrucksenergie haben die Macht, andere aufzurichten oder niederzudrücken. Sobald wir um unsere Fähigkeit, aufzurichten und niederzudrücken, wissen, können wir lernen, diese Energie verantwortungsvoll in konstruktive Bahnen zu lenken.

Gleichgültig, ob wir unsere Empfindungen für »positiv« oder »negativ« halten, können wir auf jeden Fall einsehen, welchen Wert es hat, sie konstruktiv zum Ausdruck zu bringen. Einen Zugang zu unseren wahren Gefühlen zu finden und diese Gefühle endlich freizusetzen kann uns neue

Ebenen der Energie, der Integration und Heilung erschließen. Die Bejahung des positiven Selbstausdrucks bedeutet allerdings nicht, Wut, Angst oder Kummer zu verleugnen, ebensowenig wie Unterdrückungsmechanismen im Namen des »Coolbleibens« gutzuheißen sind. Selbst Wut, Angst, Kummer und andere »negative« Empfindungen können wir *negativ oder positiv* ausdrücken. Wenn wir zum Beispiel wütend sind, können wir jemanden beschimpfen, oder wir können etwas sagen wie: »Ich bin wütend auf dich, und das trennt uns auf eine Weise, die ich nicht gut finde.«

**Für uns und unsere Beziehungen ist es besser, all unsere Gefühle
ehrlich zum Ausdruck zu bringen.**

Auf den Selbstausdruck bezogen, erinnert uns das Gesetz der Wahlfreiheit daran, daß es auf die Dauer für uns und unsere Beziehungen besser ist, *all* unsere Gefühle ehrlich zum Ausdruck zu bringen.

Die Ausdruckskraft – die »Feder« – ist tatsächlich schärfer als das Schwert. Mißbrauchte Ausdrucksfähigkeit hat Diktatoren Macht verliehen, so daß sie ganze Völker manipulieren konnten; sie hat Leben geschändet und zerstört.

Gleichzeitig sind die ergreifendsten Kunstwerke und die mitreißendsten Reden der Geschichte ein leuchtendes Beispiel für die Macht der Ausdrucksenergie, Schönheit in die Welt hineinzutragen und uns zum Handeln und zur Veränderung zu beflügeln.

Sogar im Alltagsleben kann die Art und Weise, wie wir uns ausdrücken, einen gewaltigen Unterschied in der Lebensqualität für uns und unsere Umgebung bewirken. Die Wahl liegt bei uns.

Die folgenden Übungen können Ihnen helfen, sich das Gesetz der Wahlfreiheit im Hinblick auf den Selbstausdruck zunutze zu machen.

Die freie Wahl des Ausdrucks erfahren

1. Denken Sie einmal über folgende Fragen nach:
    - Wann haben Sie zum letztenmal etwas auf negative Weise jemandem gegenüber zum Ausdruck gebracht?
    - Finden Sie es in dem betreffenden Augenblick vollkommen gerechtfertigt, wenn Sie etwas Negatives äußern (zum Beispiel Kritik oder eine Beschwerde)?

- Wie fühlen Sie sich, während oder nach Ihrer Kritik oder einer anderen negativen Äußerung?
- Wann haben Sie zum letztenmal etwas auf positive Weise gegenüber jemandem zum Ausdruck gebracht?
- Merken Sie, wenn Sie sich positiv äußern (zum Beispiel ein Kompliment machen oder Ihren Ärger auf konstruktive Art äußern, die der Beziehung nützt), daß die positive Energie wieder auf Sie zurückstrahlt?
- Wie fühlen Sie sich, während und nachdem Sie jemandem ein Kompliment machen oder Ihre Gefühle sonstwie positiv ausdrücken?

2. Nachdem Sie über Ihre Antworten nachgedacht haben, möchten Sie sich vielleicht positivere Möglichkeiten ausmalen oder in der Vorstellung durchspielen, um Ihre Gefühle zum Ausdruck zu bringen.

Die freie Wahl des Ausdrucks anwenden

1. Schreiben Sie das letzte oder die letzten beiden Male auf, als Sie etwas auf negative Weise ausgedrückt haben, oder erinnern Sie sich daran.

2. Machen Sie sich klar, daß wir, wenn wir jemanden kritisieren, normalerweise keine *Gefühle* ausdrücken, sondern das, was wir empfinden, in ein *Urteil* verwandeln. Schreiben Sie auf, wie Sie Ihre Gefühle offen und ehrlich hätten in Worte fassen können. Tip: Schreiben Sie statt »er« oder »sie« (»Er/sie macht mich wütend«) lieber »ich« (»Ich werde immer wütend, wenn…«).
3. Setzen Sie das Gelernte bei nächster Gelegenheit in die Tat um.

 RWARTUNG

Die Energie folgt dem Gedanken.
Wir steuern stets auf die Dinge zu,
die wir uns vorstellen können,
aber nicht darüber hinaus.
Unsere Vorstellungen, Erwartungen und Überzeugungen
erschaffen und prägen unsere Erfahrungswelt.
Wenn wir unsere innersten Vorstellungen
von dem, was möglich ist, erweitern,
können wir unsere Lebenserfahrung verändern.

Schweigend wanderten wir über die Wildwechsel, die sich durch die Hügellandschaft schlängelten, bis wir schließlich eine Hochebene erreichten. Da blieb die weise Frau plötzlich stehen. Wieder drückte sie mir einen Stein in die Hand und zeigte auf einen Baum in ungefähr sieben Metern Entfernung.

»Ich habe eine schwierige Aufgabe für dich«, verkündete sie mit ernster Miene.

»Schon wieder ein Baum?«

»Ja. Aber diesmal hast du nur einen Stein zur Verfügung. Es gibt nur eine einzige Chance, den Baum zu treffen: gleich beim erstenmal.«

»Und wenn ich es nicht schaffe?«

»Ich habe noch mehr geistige Schätze, die ich gern mit dir teilen würde, aber wenn du diesen Baum verfehlst, ist unsere gemeinsame Zeit abgelaufen«, sagte sie.

»Meinst du das ernst?«

»Ich meine immer alles ernst.«

»Und warum ist es so wichtig, daß ich ihn gleich beim ersten Versuch treffe?« fragte ich und zeigte auf den Baum.

»Nicht diesen hier«, korrigierte sie mich. »Den da hinten.« Sie wies mit der Hand auf eine große Eiche in *dreißig* Metern Entfernung.

> **Unser Leben wird nicht so sehr von unseren Erfahrungen geprägt wie von unseren Erwartungen.**
> **George Bernard Shaw**

»Den kann ich unmöglich mit einem einzigen Wurf treffen! Was ist mit dem Gesetz des schrittweisen Vorgehens? Sollte ich nicht erst ein paar Schritte näher herangehen?«

»Diesmal geht es nicht um dieses Gesetz. Diesmal geht es um das Gesetz der Erwartung, um die unterschwelligen Vorstellungen und Überzeugungen, die deine Erfahrungswelt prägen.«

»Na gut, ich gebe es zu. Ich glaube nicht, daß ich diesen Baum treffen kann.«

»Aber ich glaube es«, sagte sie lächelnd.

»Wenn du daran glaubst, dann triff ihn doch selbst!« erwiderte ich und wog den Stein nervös in der Hand hin und her. Sie ignorierte meine Bemerkung, setzte sich hin und forderte mich auf, ebenfalls Platz zu nehmen. Aber ich lehnte ab. »Ich bleibe lieber stehen, wenn du nichts dagegen hast. Ich bin ein bißchen nervös.«

»Bleib in der Gegenwart«, ermahnte sie mich. »Später kannst du dir immer noch Gedanken wegen dieses Baums machen, wenn du unbedingt willst.«

Also setzte ich mich neben sie und hörte ihr zu. »Ehe sich irgend etwas in dieser Welt manifestiert«, begann sie, »taucht es erst einmal als Gedanke oder Bild im Geiste eines Menschen auf. Deine Gedanken färben die Fenster, durch die du diese Welt betrachtest; deine Vorstellungen sind das Fundament, auf dem deine Erfahrungen aufbauen. Anders ausgedrückt, ist jeder positive Gedanke ein Gebet, und jedes Gebet wird erhört.«

»Glaubst du das wirklich?« fragte ich.

»Was ich glaube, ist im Augenblick nicht so wichtig wie das, was du glaubst«, antwortete sie. »Aber nicht das, was du zu glauben *meinst*; solche oberflächlichen Annahmen haben keinen großen Einfluß. Nur deine innersten Überzeugungen sind mächtig genug, um deine Realität zu prägen.«

»**Deine Überzeugungen beeinflussen die Entscheidungen, die du triffst, die Richtung, in die du gehst, ja sogar die Freunde und Feinde, die dir begegnen.**«

»Das erinnert mich an ein altes Gedicht: ›Zwei Männer betrachteten die Welt durch Gefängnisstäbe; der eine sah den Schmutz am Boden, der andere die Sterne.‹«

»Ja«, stimmte sie zu. »Was du siehst, hängt davon ab, wohin du schaust, und dabei wiederum kommt es auf deine Erwartungen an. Wenn du zum Beispiel glaubst, daß man den Menschen nicht trauen kann, wirst du die ganze Welt durch den Filter dieser Erwartung betrachten und überall Beweise dafür entdecken. Deine Überzeugungen beeinflussen die Entscheidungen, die du triffst, die Richtung, in die du gehst, ja sogar die Freunde und Feinde, die dir begegnen – letztlich dein ganzes Schicksal. Sie setzen innere Prozesse und Verhaltensweisen in Gang, die beeinflussen, wie du dich bewegst und verhältst und wie du dich fühlst.

Auf feinstofflicher Ebene bestimmen deine Gedanken sogar Größe und Farbe deines Energiefeldes, auf das die anderen Menschen reagieren. Wenn du die Menschen in deiner Umgebung beispielsweise als Freunde betrachtest, gehst du locker und entspannt auf sie zu, und dann werden deine Energie und dein Verhalten sie zu dir hinziehen. Das ist eine der Arten, wie deine Erwartungen wiederum deine Erfahrungswelt prägen.«

»Das klingt ja alles ganz plausibel. Und ich kann es wirklich kaum erwarten herauszufinden, wie diese Erkenntnis mir helfen soll, den Baum da drüben gleich bei meinem allerersten Versuch zu treffen. «

»Bei deinem *einzigen* Versuch«, korrigierte sie mich und forderte mich auf, mich zu erheben. »Und jetzt konzentriere deine ganze Aufmerksamkeit auf diesen Baum. Bereite dich auf deinen Wurf vor, und sprich dabei vor dich hin: ›Es ist ein Kinderspiel für mich, diesen Baum zu treffen.‹«

Das Ganze kam mir zwar ein bißchen albern vor, aber ich wiederholte trotzdem gehorsam: »Na gut. ›Es ist ein Kinderspiel für mich, diesen Baum zu treffen.‹«

Doch natürlich glaubte ich nicht daran. In Wirklichkeit nagten Zweifel an mir: Es war völlig ausgeschlossen, daß ich diesen Baum aus dreißig Metern Entfernung beim ersten Versuch oder überhaupt bei irgendeinem Versuch treffen würde. Ich hatte überhaupt keine Chance, weder wenn ich zuerst nach links und dann nach rechts zielte, noch wenn ich ganz nah heranginge, was sie mir ohnehin nicht erlaubte, und selbst, wenn ich ein Baseballwerfer der Nationalliga wäre, würde ich niemals in der Lage sein, diesen Baum zu treffen. So einen Volltreffer konnte man von niemandem erwarten. Der Baum war einfach zu weit weg!

»Es ist leicht, den Baum zu treffen«, sagte die weise Frau, als habe sie wiederum meine Gedanken erraten. »Das schwierige daran ist nur, die negative Erwartungshaltung zu überwinden. Sie ist es, die dich hemmt.«

Sie hob einen Stein auf. Mit offenem Mund sah ich zu, wie sie den Stein schleuderte und den Baumstamm mit einem weithin schallenden Krachen genau in der Mitte traf. »Das habe ich nur getan, um dir Mut zu machen«, sagte sie lächelnd, während ich sie immer noch mit großen Augen anstarrte. »Es genügt nicht, einfach nur zu wiederholen: ›Ich schaffe es, ich schaffe es‹, solange deine unbewußten Zweifel dich entmutigen und dir deine ganze Kraft und Konzentration rauben«, erklärte sie. »Du sollst diese negativen Erwartungen offen aussprechen, sie ans Licht deines Bewußtseins zerren und als das entlarven, was sie sind. Na los, schrei sie dir von der Seele!«

Diesmal kam ich mir wirklich dumm vor. Trotzdem folgte ich ihrer Aufforderung und brüllte aus voller Kehle alle Gründe heraus, warum ich diesen Baum nicht treffen konnte. Auf ihr Drängen hin faßte ich meine ganzen Zweifel in Worte, wieder und wieder, und schrie sie in die Welt hinaus.

»Und jetzt«, sagte sie, »sieh dir den Baum noch einmal an, und schaffe in deinem Inneren die Erwartungshaltung: *›Es ist ein Kinderspiel für mich, diesen Baum zu treffen.‹*«

Also sagte ich wieder mein Sprüchlein auf. – »Es ist ein Kinderspiel für mich, diesen Baum zu treffen.« Und diesmal geschah etwas ganz Merkwürdiges: Kein einziger Zweifel stieg in mir auf. Es *stimmte* einfach, ich *spürte* es; ich glaubte felsenfest daran! Meine Worte klangen wahr und echt.

> »Wenn du dir positive Bilder ausmalst, werden diese in deinem Unterbewußtsein Wirklichkeit.«

Als ich den Baum anvisierte, fühlte ich eine unsichtbare Energielinie zwischen mir und ihm und wußte, daß der Stein dieser Linie folgen würde bis an sein Ziel. Fest und sicher stand ich da, mein Körper befand sich in vollkommenem Gleichgewicht. Es gab nichts mehr als mich und diesen Stein und diesen Baum. Ein paar Sekunden lang gab es nicht einmal mehr dieses »Ich«. In diesem Augenblick holte ich Luft und warf. Schon als ich den Stein losließ, *wußte* ich, daß er sein Ziel treffen würde. Ich sah ihn zu dem Baum fliegen wie von einem Magneten angezogen. Als der Stein den Baumstamm genau in der Mitte traf, veränderte sich etwas in mir. Ich hatte das Gesetz der Erwartung begriffen: Um etwas schaffen zu können, mußte ich erst einmal daran glauben; ich mußte wirklich ganz fest damit rechnen.

Die weise Frau nickte mir zu: »Ehe du warfst, hast du vor deinem geistigen Auge gesehen, wie der Stein sein Ziel traf. Genauso ist es auch im täglichen Leben: Wenn du dir positive Bilder, günstige Umstände und erfolgreiche Resultate ausmalst, dann werden diese Bilder in deinem Unterbewußtsein Wirklichkeit. Dein Unterbewußtsein wird auf solchen Erfahrungen aufbauen und immer ähnliche Ereignisse anziehen. Das Gesetz der Erwartung erinnert dich an deine Fähigkeit, dein Leben nach den Bildern und Erwartungen zu gestalten, die du in deinem Inneren erschaffst. Indem du deine Zweifel offen aussprichst, entziehst du sie deinem Unterbewußtsein, und sie lösen sich im Lichte des Bewußtseins auf.«

»**Die spirituellen Gesetze kennen keine Grenzen außer unseren eigenen Vorstellungen.**«

»Und wenn ich nun in meinem Inneren die Erwartungshaltung schaffe, daß ich fliegen kann? Würde das auch funktionieren?«

»Ich möchte deinen Enthusiasmus nicht dämpfen, lieber Wanderer, aber die spirituellen Gesetze, die sich auf dieser Ebene der Realität manifestieren, sind mächtiger als unsere menschlichen Vorstellungen und Überzeugungen. Das Gesetz der Schwerkraft gilt unabhängig davon, ob du daran glaubst oder nicht.«

»Aha. Fliegen könnte ich also nicht, selbst wenn ich all meine Zweifel aus meinem Denken verbanne.«

»Aber du *kannst* doch fliegen!« sagte sie. »Du kannst durch die Wolken gleiten, in den Weltraum fliegen, ja sogar auf dem Mond landen! Die Menschheit mußte sich erst einmal über ungeheure Zweifel und ›wissenschaftliche Tatsachen‹ hinwegsetzen, ehe ihr das ›Unmögliche‹ gelang: sich in die Lüfte emporzuschwingen. Die spirituellen Gesetze kennen keine Grenzen außer unseren eigenen Vorstellungen. Die Zukunft wird zeigen, ob wir als Individuen und als Spezies das Gesetz der Erwartung richtig verstehen und anwenden ...«

Während wir ins Tal hinunterstiegen, fuhr die weise Frau fort: »Das Gesetz der Erwartung zeigt uns, wie wichtig es ist, unsere alten Annahmen und Überzeugungen einmal genau zu untersuchen. An die Stelle selbstzerstörerischer Zweifel sollten wir leuchtende Bilder setzen und neue Vorstellungen schaffen, die auf klaren Intentionen beruhen.«

»Und was ist, wenn es für diese Vorstellungen keine Beweise gibt?« wollte ich wissen.

»Das habe ich dir ja gerade zu erklären versucht«, sagte sie. »Glaube trotzdem daran! Mit dieser Erwartung wirst du die Beweise anziehen.«

»Ich werde mein Bestes tun«, versprach ich. »Aber da wir gerade von selbstzerstörerischen Zweifeln sprechen, manchmal deprimiert es mich, die Zeitung zu lesen; besonders solch globale Probleme wie Umweltverschmutzung, Überbevölkerung, wachsende Kriminalität und Habgier lassen mich dann die Hoffnung für die Menschheit verlieren.«

»Schaffe einfach eine Vision des Menschen, der du gern sein möchtest, dann wirst du auch zu diesem Menschen werden.«

»Mich erfüllt auch keine Hoffnung«, erwiderte die weise Frau, »sondern Glaube. Natürlich gibt es große Probleme. Doch selbst bei den wirklich akuten Krisen erscheint es mir am klügsten, positive Ziele vor Augen zu haben und sich auf unsere menschlichen Möglichkeiten zu konzentrieren. Das Gesetz der Erwartung lehrt uns, daß alles, worauf wir uns konzentrieren, größer wird. Wenn wir Probleme bekämpfen, verstärken wir sie dadurch nur, indem wir ihnen Energie verleihen. Deshalb sollten wir uns immer auf Lösungen konzentrieren und nicht auf Probleme.«

Die weise Frau blickte zu einem Habicht empor, der sich über unseren Köpfen wie ein Papierdrachen vom Wind tra-

gen ließ, und gab mir noch eine letzte Ermahnung mit auf den Weg: »Wie die alten Alchemisten, Wanderer, kannst du Zweifel in Zuversicht und Angst in Mut verwandeln. Aus neuen Erwartungen erwachsen neue Entscheidungen. Warte nicht, bis deine Erfahrungen dir diese Entscheidungen bestätigen. Schaffe einfach eine Vision des Menschen, der du gern sein möchtest, dann wirst du auch zu diesem Menschen werden.«

SELBSTWERT-GEFÜHL

Wenn ich eines Tages die Zügel der Macht niederlege,
und wenn ich dann alle anderen Freunde
auf der Erde verloren habe,
dann werde ich wenigstens noch einen Freund haben,
und der wohnt tief in meinem Inneren.
Abraham Lincoln

Im großen kosmischen Rahmen gesehen, bekommen wir als Individuen und als gesamte Menschheit vielleicht genau das, was wir brauchen, um zu wachsen und uns weiterzuentwickeln. Akzeptieren wir das, können wir zuversichtlich und mit einer positiven Einstellung weiterleben, selbst wenn unsere Lebensumstände aufgrund äußerer Kräfte (zum Beispiel sozialer Ungerechtigkeit oder weil wir in einem armen Teil der Erde leben) schwierig sind. Ob wir es im Leben leicht oder schwer haben, hängt von vielen inneren und äußeren Faktoren ab. Ein Teil des Drehbuchs steht vielleicht sogar in den Sternen.

Welche Erfahrungen wir uns gestatten, hängt davon ab, was wir zu verdienen glauben.

Viele mutige Seelen sind über das Schicksal, das sie zu erwarten hatten, hinausgewachsen und haben selbst extreme Nöte und Schwierigkeiten überwunden. Sie können uns allen als leuchtendes Vorbild dienen. Vielleicht gestalten wir unser Leben nicht allein, vielleicht liegt das Ruder des Schicksals nicht völlig in unserer Hand – aber wir haben auf jeden Fall großen Einfluß auf unser Geschick. Zu einem großen Teil sind wir selber unseres Glückes Schmied. Was für

Erfahrungen wir uns gestatten, hängt sehr davon ab, was wir zu verdienen glauben. Unser Selbstwertgefühl, das heißt, wie zufrieden wir mit uns als Mensch sind, spielt eine Schlüsselrolle in unserem Leben.

Les Brown wuchs als Schwarzer in einer armen, ländlichen Gegend Amerikas auf, und seine Schulbildung war völlig unzureichend. Doch er arbeitete sich hoch, wurde ein beliebter Moderator für Talkshows im Radio und bekam schließlich sogar einen Posten in der Regierung von Ohio. Heute hält Brown Vorträge vor Gruppen und Firmen in ganz Amerika.

Dagegen kenne ich einige Leute, die aus der gehobenen Mittelklasse stammen, in einem teuren Wohnviertel aufgewachsen sind, eine gute Schule besucht und anschließend studiert haben und sich trotzdem auf die eine oder andere Art fast ihr Leben zerstört haben. Ein entscheidender Faktor dabei war ihr Selbstwertgefühl. Besitzen wir ein hohes Selbstwertgefühl, ergibt sich alles andere von selbst; wenn nicht, dann kann uns gar nichts helfen.

Die größte Hürde

Solange wir das Gefühl der eigenen Wertlosigkeit nicht überwinden, kann aus unserem Leben nichts werden.

Vielleicht kommen wir uns so attraktiv oder schön vor wie ein Fotomodell oder ein Filmstar, vielleicht halten wir uns für hochintelligent, vielleicht stammen wir aus einer reichen Familie oder besitzen die Fähigkeit zum Hochleistungssportler; doch solange wir das tief in unserem Unterbewußtsein verankerte Gefühl unserer eigenen Wertlosigkeit nicht überwinden, kann aus unserem Leben trotzdem nichts werden, weil wir es nicht zulassen.

Ich muß hier einen kleinen, aber feinen Unterschied zwischen Selbstbewußtsein und Selbstwertgefühl machen. Im Hinblick auf bestimmte Dinge wie beispielsweise unser Aussehen, unsere körperlichen Fähigkeiten oder unsere Intelligenz können wir durchaus ein großes Selbstbewußtsein haben. Aber solange wir uns als Mensch nicht vorbehaltlos *mögen*, solange wir nicht das Gefühl haben, ein *guter* Mensch zu sein und Erfolg, Reichtum, Frieden, Glück und Liebe zu *verdienen*, werden wir immer wieder einen der beiden folgenden Fehler begehen:

1. Wir sabotieren unsere eigenen Bemühungen oder gehen der Erfüllung unseres Lebens auf irgendeine andere Weise aus dem Weg. Wir wählen oder schaffen uns schlecht bezahlte Stellungen, problematische Partnerbeziehungen und finanzielle Schwierigkeiten (ganz egal, wieviel Geld wir verdienen). Wir sabotieren unser Leben, indem wir Drogen nehmen, uns verletzen, krank werden oder davonlaufen, oder durch andere Verhaltensweisen, die Erfolg und Glück unmöglich machen.

2. Es fällt uns schwer, Energie oder Lob zu empfangen oder zu akzeptieren, daß jemand etwas für uns tut. Haben wir trotz allem Erfolg, fühlen wir uns in der Regel nicht wohl dabei oder können ihn nicht richtig genießen. Deshalb verfallen wir irgendwann wieder in den alten Teufelskreis, sabotieren unser Leben und unsere Beziehungen, und unser beruflicher Erfolg scheint vor unseren Augen in sich zusammenzustürzen wie ein Kartenhaus.

Das alles tun wir nicht bewußt. Unser Bewußtes Selbst sehnt sich vielleicht nach Erfolg und stürzt sich begeistert auf jede neue Chance. Doch da das Gefühl der Wertlosigkeit uns schon in der Kindheit einprogrammiert wurde, fühlt unser Basis-Selbst sich leicht unwohl und sabotiert unsere

Bemühungen. Jeder Betroffene – auch wir selbst – fragt sich in solchen Fällen, warum wir das eigentlich tun: »Ich verstehe den Burschen einfach nicht. Er ist ein phantastischer Sportler, aber trotzdem verpatzt er im entscheidenden Moment immer alles.« – »Brenda ist hochintelligent, aber sie leistet einfach nicht das, was in ihr steckt.«

Unsere tieferen Motive bleiben dem Bewußten Selbst verborgen.

Natürlich passen nur wenige Menschen genau in eine der Kategorien, die ich hier beschrieben habe. Die meisten versuchen bewußt, in allen Lebensbereichen erfolgreich zu sein. Aber in dem Maße, in dem uns das Selbstwertgefühl fehlt, schränken wir unseren Erfolg ein, gehen ihm aus dem Weg oder sabotieren ihn vielleicht sogar auf subtile Weise, oder wir sind nicht in der Lage, ihn vorbehaltlos zu genießen, wenn wir ihn trotz allem erreicht haben.

Wenn ich dich fragte: »Glaubst du, Reichtum, Liebe und inneren Frieden verdient zu haben?«, würdest du vielleicht antworten: »Ja, natürlich!« Aber wenn ich deinem Basis-Selbst diese Frage stellte, bekäme ich unter Umständen eine ganz andere Antwort.

Unser Bewußtes Selbst ist nur die Spitze des Eisbergs. Es kann nicht die ganze Wahrheit kennen oder sagen, denn die tieferen Motive, die unter dem Meeresspiegel liegen, sind ihm nicht bewußt. Wir setzen unserem Selbstwertgefühl selbst Grenzen. Geht es uns zu gut, haben wir oft das Gefühl, das alles nicht wert zu sein: »Eigentlich habe ich meinen Partner/meine Partnerin gar nicht verdient. Er/sie ist viel zu gut für mich.«

Marilyn Monroe konnte den Erfolg und die Verehrung, die ihr zuteil wurden, nicht ertragen und beendete auf tragische Weise ihr Leben. Manche Kinderstars mit zu geringem Selbstwertgefühl laufen ernstlich Gefahr, ihr eigenes Leben zu sabotieren, weil der plötzliche Reichtum und die plötzliche Bewunderung ihnen unheimlich vorkommen und eine Dissonanz in ihr Leben bringen. Viele Lottogewinner empfinden ihren hohen Gewinn als große Belastung. »Aber ich habe doch gar nichts getan, um dieses Geld zu verdienen!« sagt ihr Basis-Selbst, und viele verlieren es schon nach kurzer Zeit wieder.

Der wahre Maßstab für unser Selbstwertgefühl liegt in unserem Basis-Selbst.

Nehmen wir zur Übung einmal an, wir könnten genau angeben, wieviel wir von dem zu verdienen glauben, was das Leben zu bieten hat, und zwar auf einer Skala von eins bis einhundert. Wenn wir ganz ehrlich zu uns selbst sind, uns auf unsere tiefsten inneren Empfindungen einstimmen und uns weniger als hundert Punkte geben, dann müssen wir an unserem Selbstwertgefühl arbeiten. Auch wenn unser Bewußtes Selbst antwortet: »Natürlich hundert Punkte!«, liegt der wahre Maßstab für unser Selbstwertgefühl in unserem Basis-Selbst. Vielleicht gibt es nur einen einzigen Weg, herauszufinden, für wie wertvoll wir uns halten: Wir müssen untersuchen, wie unser Leben jetzt im Augenblick aussieht, denn unser Leben ist ein Spiegel dessen, was wir unserer Meinung nach verdient haben.

Beurteilung unseres Selbstwertgefühls

1. Stellen Sie sich einmal folgende Fragen:
   - Haben Sie das Gefühl, Sie müßten eigentlich mehr tun, mehr geben oder sich mehr anstrengen, um Ihre Existenz zu verdienen oder zu rechtfertigen?

- Fällt es Ihnen leichter, etwas zu geben, als etwas zu empfangen?
- Macht es Sie verlegen, wenn Sie Geschenke oder Aufmerksamkeit oder Applaus bekommen?
- Wenn sich in Ihrem Leben etwas Positives ereignet, sagen Sie dann: »Das bleibt bestimmt nicht lange so« und warten auf den nächsten Tiefschlag?
- Leiden Sie relativ oft an Krankheiten oder Verletzungen, oder sabotieren Sie Ihre eigenen Bemühungen auf irgendeine andere Art und Weise? (Nicht jede Krankheit oder Verletzung ist Eigensabotage!)
- Wenn Sie Geld haben, juckt es Sie dann in den Fingern, es möglichst schnell wieder auszugeben? Fällt es Ihnen schwer, Geld zu erwerben?
- Treffen Sie häufig »falsche« Entscheidungen und machen sich das Leben schwerer, als es eigentlich sein müßte?

2. Wenn Sie einige dieser Fragen oder gar alle mit ja beantwortet haben, steht die Hürde eines zu geringen Selbstwertgefühls Ihnen noch im Weg.

Die Erleuchtetsten von uns – diejenigen mit den *höchsten Idealen*, den höchsten Visionen, den höchsten Maßstäben –

haben häufig das *geringste* Selbstwertgefühl, denn sie messen sich an ihren hohen Maßstäben und stellen dann fest, daß ihr Verhalten und ihre Leistungen zu wünschen übriglassen. Wenn das Sonnenlicht des erhöhten Bewußtseins direkt über den dunklen Brunnen unserer Psyche streift, dann sehen wir unsere negativen Seiten und unsere Ängste. Menschen, denen diese Sensibilität oder diese erleuchtete Vision fehlt, messen sich an niedrigeren Maßstäben. Daher scheinen sie eine höhere Selbsteinschätzung zu besitzen als die wacheren und bewußteren Menschen!

Das Paradoxe daran ist, daß es denen, die tatsächlich den Pfad des friedvollen Kriegers gehen, die offenen Auges durch die Welt gehen und ihre Eigenheiten und Fehler sehen, manchmal am schwersten fällt, zu erkennen, daß sie friedvolle Krieger sind.

> Uns wird immer nur so viel Gutes zuteil, wie wir auch innerlich ertragen können.

In den vergangenen Jahren habe ich ganz bewußt an den Problemen gearbeitet, die mit meinem Selbstwertgefühl zusammenhängen. Unter anderem habe ich eine Karteikarte an einer Stelle in meiner Wohnung befestigt, wo ich sie jeden

Tag mehrfach sehen kann. Auf diese Karte habe ich eine Botschaft geschrieben, die mich nun jeden Morgen begrüßt: *Wieviel Gutes kannst du heute verkraften?* Denn uns wird immer nur so viel Gutes zuteil, wie wir auch innerlich ertragen können.

Das Selbstwertgefühl entwickelt sich fast ebenso früh wie das Ichgefühl. Später in unserer Kindheit, während des Sozialisationsprozesses, entwickelt sich dann der Gerechtigkeitssinn, und wir beginnen uns der einen oder anderen Seite zuzuneigen.

Als Kind lernen wir, uns selbst so zu behandeln, wie unsere Mitmenschen uns behandeln. Zeigen unsere Eltern uns Liebe, vor allem in den frühesten Kleinkindstadien, indem sie uns berühren, liebevoll mit uns sprechen, uns im Arm halten und uns ausreichend beachten, dann sind wir zufrieden mit uns und unserem Körper. Wir haben das Gefühl, wertvoll zu sein und Aufmerksamkeit und liebevolle Berührungen wirklich zu verdienen.

Später, wenn wir heranwachsen und uns besser verständlich machen können und unsere Eltern uns loben, uns unsere Fehler und Ungezogenheiten verzeihen und uns immer wieder sagen, was für »gute Kinder« wir sind, lernen wir, mit uns zufrieden zu sein, weil wir einfach so sind, wie wir sind

– und nicht, weil wir dies oder das getan oder uns so oder so verhalten haben. Das ist vielleicht das größte Geschenk, das meine Eltern mir je gemacht haben.

Sind wir zufrieden mit uns, sind wir ganz natürlich offen für alle Möglichkeiten, die das Leben bietet. Wir sind optimistisch und bereit, das zu erreichen, was wir vom Leben erwarten. Es würde uns niemals einfallen, uns mit weniger zu begnügen.

> **Als Kindern wird uns ein Moralkodex vermittelt, an dem wir uns fortan messen.**

Doch irgendwann, im allgemeinen zwischen dem vierten und zehnten Lebensjahr, wird dieses Muster durchbrochen. Ältere Kinder hätscheln die Eltern nicht mehr einfach nur mit bedingungsloser Zuneigung. Jetzt werden wir zu Mitgliedern der Gesellschaft erzogen. Unsere Eltern und unsere Umgebung beginnen uns für »gutes« Verhalten zu belohnen und für »schlechtes« Verhalten zu *bestrafen*. Zu den primären Belohnungen können zum Beispiel Aufmerksamkeit, Anerkennung, Zuneigung und Lob gehören; sekundäre Vorteile können besondere Privilegien oder materielle Geschenke sein. Zu den primären Strafen gehören der Entzug von Belohnungen (das Zuckerbrot) und sogar körperlicher Schmerz (die Peitsche).

Durch diese subtilen oder weniger subtilen Belohnungen und Strafen und die begleitenden verbalen Stichworte (»Du bist ein braver Junge/ein braves Mädchen.« – »Das war falsch!«) entwickeln wir einen *Moralkodex*, der vielleicht von Kultur zu Kultur variiert, aber fast immer in irgendeiner Form vorhanden ist.

Wir lernen zwei Regeln, die sich tief in unserem Inneren verankern:

1. Es ist besser, gut zu sein als böse.
2. Gute Jungen/Mädchen (Verhaltensweisen) werden belohnt, böse Jungen/Mädchen (Verhaltensweisen) werden bestraft.

Von diesen beiden Regeln ausgehend, beginnen wir unser Selbstbild als (verhältnismäßig) gute oder böse Menschen zu entwickeln. Es beruht auf den Moralmaßstäben, die wir verinnerlicht haben, und hängt davon ab, inwieweit wir glauben, diesen Maßstäben zu entsprechen.

Wir alle haben schon Schlechtes getan, beispielsweise einen Fehler gemacht oder uns schlecht benommen. Auch wenn unser Verhalten immer gebilligt wurde, wissen wir doch, daß wir insgeheim Tausende von »bösen« Gedanken hatten – gemeine, kleinliche, unsoziale, ja sogar grausame Phantasievorstellungen. Nur einige dieser falschen Verhaltensweisen oder »bösen« Gedanken wurden entdeckt und bestraft. Doch dem Richter in unserem Inneren ist keiner dieser »Verstöße« entgangen.

Viele haben nie gelernt, zwischen sich als Person und ihren Fehlern und Verhaltensweisen zu unterscheiden.

Da unsere Eltern oder Lehrer uns nicht für alle »bösen« Gedanken und Handlungen bestraft haben, neigen wir dazu, uns für den Rest unseres Lebens selbst zu bestrafen, und zwar aus Schuldgefühl. Um das Problem auf einen Nenner zu bringen: Viele Menschen haben nie gelernt, zwischen sich als Person und ihren Fehlern und Verhaltensweisen zu unterscheiden. Statt zu denken: »Ich habe mich schlecht *verhalten*«, glauben wir unbewußt: »Ich *bin* ein schlechter *Mensch* und verdiene keine Belohnung, sondern Strafe.«

Wenn ein tiefes Gefühl der Schuld und Wertlosigkeit auf dem Basis-Selbst lastet, bestraft es uns mit Krankheiten,

Unfällen, Mißerfolgen (großen, dramatischen Fehlschlägen oder einer Serie kleiner Mißgeschicke) oder anderen Formen der Eigensabotage (so sucht es sich zum Beispiel einen Geschäftspartner aus, der uns betrügt, oder es wählt einen Ehepartner, der nicht zu uns paßt, und so weiter). Diese »Entscheidungen« treffen wir natürlich auf einer unbewußten Ebene.

Wer häufig Unfälle oder Mißerfolge hat, versucht also vielleicht sein (nur von ihm selbst wahrgenommenes) Schuldkonto auszugleichen. Er handelt aus einem niedrigen Selbstwertgefühl heraus. »Eigentlich müßte ich doch inzwischen klüger geworden sein und nicht immer wieder die gleichen Schmerzen durchleiden«, sagt man sich. Aber das ist es ja gerade, man ist nicht klüger geworden. Manche Menschen scheinen nach einer schweren Verletzung oder Krankheit trotz aller ausgestandenen Leiden sogar eine Art heiterer Gelassenheit auszustrahlen, als hätten sie das Gefühl, für die »Sünden«, die nur in ihrem eigenen Kopf existieren, nun endlich »genügend bestraft« worden zu sein.

Wenn wir es schaffen, uns auch unter der Oberfläche unseres Bewußtseins zu lieben, wird das Leben besser und leichter.

Wenn wir an unserem Basis-Selbst arbeiten, um unser Selbstwertgefühl zu steigern oder wiederzuerlangen, und es schaffen, uns auch unter der Oberfläche unseres Bewußtseins zu lieben und zu akzeptieren, werden wir merken, wie das Leben viel besser und leichter wird. Wir haben mehr »Glück«, und es tun sich plötzlich neue, ungeahnte Möglichkeiten auf.

Zum Pfad des friedvollen Kriegers gehört manchmal auch die Arbeit mit einem professionellen Therapeuten, der uns helfen kann, in den Seiten des Buches unserer Kindheit zu blättern, die Wurzeln unseres jetzigen Selbstwertgefühls zu erkennen und die Wunden der Vergangenheit durch geschickte Maßnahmen zu heilen.

Visualisierungen, die Mitgefühl mit unserem inneren Kind erwecken, sind sehr hilfreich, um den Heilungsprozeß in Gang zu setzen. Unser Unbewußtes wird umprogrammiert, indem wir dem Kind in unserem Inneren (das ist ein sehr treffendes Bild für unser Basis-Selbst) endlich die Liebe und Vergebung schenken, die es verdient hat.

Wie man die Wunden der Vergangenheit heilt

Und so können Sie die Wunden der Vergangenheit heilen:
1. Stellen Sie sich sich selbst als kleines Kind vor. Setzen Sie dabei all Ihre Sinne ein.
2. Empfinden Sie Liebe, Anteilnahme und Mitgefühl für Ihr junges Ich, das mit den Verwirrungen und Ängsten der Kindheit zu kämpfen hat.
3. Denken Sie einmal an einen Zeitpunkt zurück, als Sie ein wirklich schlechtes Gewissen hatten, weil Sie sich schlecht verhalten hatten – ganz egal, ob Sie dafür bestraft wurden oder nicht.
4. Lassen Sie dieses Ereignis noch einmal vor Ihrem inneren Auge ablaufen und beobachten Sie es aus einer Perspektive tiefen Verständnisses und Mitgefühls.
5. Stellen Sie sich vor, wie Ihr erwachsenes neben Ihrem Kinder-Ich steht, es tröstet und ihm erklärt, daß es zwar einen Fehler gemacht hat, aber tief in seinem Inneren trotzdem *gut* ist. Vergeben Sie Ihrem Kinder-Ich.

6. Und jetzt *erleben* Sie diesen selben Zwischenfall noch einmal; aber diesmal erlauben Sie Ihrem Kinder-Ich, den Fehler oder das falsche Verhalten zu *ändern*, es irgendwie wiedergutzumachen. Wenn Sie damals etwas weggenommen haben, geben Sie es wieder zurück, sagen Sie die Wahrheit, beichten Sie alles, und verzeihen Sie sich. Sehen Sie vor Ihrem inneren Auge, wie die anderen Menschen, die an dem Ereignis beteiligt waren, Ihrem Kinder-Ich ebenfalls verzeihen. *Spüren* Sie die Liebe und die Erleichterung.
7. Nun verabschieden Sie sich vom Kinder-Ich der Vergangenheit mit einer Umarmung, die sagt: Du bist ein guter und wertvoller Mensch und verdienst es, glücklich zu sein.

»Schlechte« Menschen kommen nicht in die Hölle, sie *sind* schon in der Hölle.

Das schlimmste Gefängnis für unsere Psyche – ein dunkles, elendes Loch – ist das Gefühl, nichts wert zu sein, Zorn auf sich selbst oder gar Selbsthaß. »Schlechte« Menschen kommen nicht in die Hölle. Sie sind schon in der Hölle, deshalb handeln sie so schlecht. Im Grunde glaube ich, daß kein

Mensch mehr Leiden verursachen kann, als er selbst in seinem Inneren bereits empfindet. Nur geschädigte Menschen schaden anderen.

Die Kriminellen unserer Gesellschaft spiegeln unsere eigenen Schattenseiten in übertriebener Form wider. Sosehr es unser moralisches Empfinden und unsere Gefühle auch befriedigen mag, den Kopf zu schütteln und Kriminelle zu verdammen, die besonders gewaltsame oder grausame Verbrechen begangen haben – wir dürfen dabei nicht vergessen, daß diese Menschen aus Mangel an Liebe und Selbstwertgefühl kriminell geworden sind. Wer braucht mehr Liebe als solche Menschen?

Liebe bedeutet nicht, daß wir Kriminelle nun weiter Taten begehen lassen sollen, die anderen Menschen weh tun und ihr eigenes betäubtes Leiden nur noch verschlimmern. Wir müssen sie unbedingt daran hindern, weitere Verbrechen zu begehen, doch gleichzeitig müssen wir ihre Seele lieben, egal, was für einen abstoßenden Charakter sie haben und wie wenig Reue sie zeigen mögen. Erst wenn wir unserem eigenen Schatten und dem in anderen Menschen verzeihen, können wir der Menschheit wirklich dienen, und zwar aus einem tief im Inneren verankerten Selbstwertgefühl heraus.

Dienst am anderen

Wir wissen, daß Dienen oder einfach nur ein liebevolles, mitfühlendes Herz zeigen, etwas Gutes und Moralisches ist. Gleichzeitig kann Dienen auch unser Leben verändern.

Der Dienst am anderen ist eine der besten Möglichkeiten für unser Basis-Selbst, das »Schuldkonto« früherer Verstöße auszugleichen. Da unser Ich und die Welt einander widerspiegeln, können wir gar nicht anders, als uns selbst mehr zu lieben, sobald wir anderen Liebe entgegenbringen. Der Dienst am Mitmenschen ist der edelste, der königliche Weg zu höherem Selbstwertgefühl. Mit solch einem Selbstwertgefühl machen wir uns den Weg zu innerem Frieden, Glück und dem Gefühl der Gegenwart des Geistes frei.

Eine Frau, die sich »Peace Pilgrim« (Friedenspilgerin) nannte, durchwanderte (zu Fuß!) siebenmal alle Staaten und Provinzen Nordamerikas und Kanadas. Sie trug kein Geld bei sich und aß nur das, was die Menschen ihr freiwillig anboten. Sie bat nicht um Obdach, sondern nahm auch das nur an, wenn es ihr angeboten wurde. Während des Wanderns betete sie und sprach vom Weltfrieden und vom inneren Frieden:

Ich war die ganze Nacht lang, in Gedanken versunken, durch den Wald gewandert. Da empfand ich aus einer sehr tiefen Suche nach einer sinnvollen Lebensweise heraus ... eine vollkommene, bedingungslose Bereitschaft, ... mein Leben dem Dienst an der Menschheit zu widmen.

Ich sage euch: Wenn man sich erst einmal dazu entschlossen hat, gibt es kein Zurück mehr.

Und so begann die zweite Phase meines Lebens: Von nun an gab ich, was ich geben konnte, statt zu nehmen, was ich kriegen konnte. Ich betrat eine ganz neue, wunderbare Welt. Endlich bekam mein Leben einen Sinn. Mir wurde der große Segen einer guten Gesundheit zuteil; seitdem habe ich nie wieder eine Erkältung oder Kopfschmerzen gehabt. Von nun an wußte ich, daß mein Lebenswerk die Arbeit für den Frieden sein würde ... den Frieden zwischen Völkern, den Frieden zwischen Gruppen, den Frieden zwischen einzelnen Menschen und den sehr, sehr wichtigen inneren Frieden.*

Die Verantwortung für ein lebendiges Wesen zu tragen steigert das Selbstwertgefühl.

* *Peace Pilgrim – eine Pilgerin der Liebe*, Aquamarin Verlag, Grafing

Für eine psychologische Studie wurde in mehreren Gefängnissen die Lebensgeschichte der gewalttätigsten, unverbesserlichsten Häftlinge (Wiederholungstäter) untersucht. Dabei zeigte sich, daß kein einziger der Häftlinge als Kind ein Haustier gehabt und nie die Verantwortung für ein lebendes Wesen getragen hatte.

Einsichtige Gefängnisdirektoren genehmigten ein Experiment. Diese Insassen durften ein Kaninchen, einen Vogel, eine Ratte, einen Hamster, eine Katze oder einen kleinen Hund als Haustier bei sich aufnehmen. Die Ergebnisse waren positiv, ja sogar überwältigend: Häftlinge, die vorher gewalttätig gewesen waren, wurden ruhiger und bereiteten sich selbst und anderen nicht mehr so viele Schwierigkeiten. Vielleicht, zu diesem Ergebnis kam die Untersuchung, spielt es tatsächlich eine Rolle, ob man sich um ein kleines Lebewesen kümmern und ihm *dienen* darf oder nicht. Für ein Haustier zu sorgen steigerte das Selbstwertgefühl dieser Häftlinge, und so wurde der Teufelskreis der Gewalt und Frustration durchbrochen.

Wahres Dienen ist keine Handlung, sondern eine Einstellung. Man kann auch aus egoistischen Motiven heraus etwas für andere tun. Wahrer Dienst jedoch entspringt aus einem Gefühl der Demut, der Dankbarkeit und der grundlegenden Erkenntnis, daß wir alle im selben Boot sitzen. Liebe bedeutet, hinter die Persönlichkeit eines Menschen zu schauen und zu erkennen, daß wir, wie Plato gesagt hat, alle »einen schweren Kampf kämpfen«. Dienst ist Liebe in Aktion, so einfach wie ein freundliches Lächeln oder ein Kopfnicken zu einem Fremden hinüber oder so allumfassend wie das Leben der Friedenspilgerin oder der Mutter Teresa.

Dienst am anderen kann viele verschiedene Formen annehmen. Man kann zum Beispiel:

- in einem Krankenhaus aushelfen
- Menschen in Altersheimen besuchen
- mit Kindern und Jugendlichen arbeiten
- einen Telefondienst für Selbstmordgefährdete oder für Teenager einrichten, die von zu Hause fortgelaufen sind
- ein Obdachlosenheim tapezieren und verschönern
- Kindern irgend etwas beibringen, was man gut kann
- in einer Umweltschutzorganisation mitarbeiten.

Immer, wenn wir Mühen auf uns nehmen, um etwas für andere zu tun, tun wir gleichzeitig auch etwas für uns selbst (solange wir uns wohl dabei fühlen).

Sein Leben in die Hand nehmen

Solange wir glauben, keinen Erfolg, keine Liebe und keinen Reichtum zu verdienen, erlauben wir uns diese Freuden auch nicht, oder wir können sie nicht richtig genießen.

Unser Basis-Selbst findet immer Wege, uns das Leben schwerzumachen. Doch da dieser Prozeß auf unbewußter Ebene abläuft, merken wir gar nicht, daß wir selbst uns um unser Unglück bemühen. Statt dessen sind wir frustriert und fragen uns, warum gerade uns immer diese »schlimmen« Dinge »passieren« müssen.

Welche der in diesem Buch beschriebenen Methoden wir auch in die Praxis umsetzen und welche Prinzipien wir auch begriffen haben mögen – wenn wir wirklich wollen, daß unser Leben sich bessert, müssen wir etwas für unser Selbstwertgefühl tun. Selbstzerstörerische Verhaltensmuster und die falschen Schuldgefühle, die sie erzeugen, können beseitigt werden.

Ängste, Selbstzweifel und das Gefühl der Wertlosigkeit entstehen aus der dunklen Kraft in unserem Inneren, mit der jeder friedvolle Krieger zu kämpfen hat. Sie ist ein hinterhältiger Gegner, da sie den Talar des Richters trägt.

Die allgemein herrschenden Mißverständnisse über »Gut« und »Böse«, »moralische Gesetze«, »Verbrechen und Strafe« und eingebildete »Sünden« haben unser Leben mit einer dunklen Wolke überschattet. Jetzt, kraft unserer Erkenntnis, haben wir die Möglichkeit, dieses falsche Glaubenssystem endlich zu untergraben. Zumindest dämmert uns allmählich, daß wir wohl viel mehr verdient haben, als wir bisher dachten, und vielleicht können wir die dunklen Wolken nach und nach einfach vom Himmel fortblasen.

Meist können wir einsehen, daß unsere Eltern ihr Bestes für uns getan haben. Ob sie nun gütig oder grausam, erleuchtet oder unwissend waren und viele Fehler gemacht haben, *innerhalb der Grenzen ihrer eigenen Blindheiten, Ängste und Realitätsvorstellungen* haben sie trotzdem getan, was sie konnten.

Auch wir haben immer unser Bestes getan. Mit diesem Wissen fällt es uns leichter, uns unsere Unzulänglichkeiten zu verzeihen. Doch nicht alle wollen akzeptieren, daß sie ihr Bestes gegeben haben. Dazu sehen sie ihre Fehler viel zu deutlich vor Augen.

In irgendeinem absoluten Sinn hätten wir es vielleicht tatsächlich »besser machen können«, aber mit diesem Gedanken bereiten wir uns nur den Weg ins Unglück. Wenn wir rasende Kopfschmerzen haben, sind wir vielleicht nicht so konzentriert bei unseren Pflichten wie am Tag zuvor, an dem es uns hervorragend ging. *Aber an beiden Tagen haben wir, so gut wir konnten, unser Bestes gegeben.* Und indem wir unseren Körper, unsere Gedanken und unsere Emotionen klären und ins Gleichgewicht bringen, wird unser »Bestes« noch von Tag zu Tag besser.

Wir alle wissen, daß wir unseren Nächsten lieben (oder so gut behandeln) sollen wie uns selbst. Aber wie können wir dieses Gebot befolgen, wenn wir noch nicht einmal gelernt haben, uns selbst zu lieben?

Je zufriedener wir mit uns selbst sind, um so lieber mögen wir auch die Menschen in unserer Umgebung. Wir möchten nun gesünder und länger leben, wir genießen unsere eigene Gesellschaft und brauchen keine ständigen Ablenkungen. Unsere Gedanken und Träume sind keine dunklen Wolken mehr, die unser Leben überschatten, sondern angenehme Vorstellungen, die uns froh machen.

Wenn das Gefühl unserer eigenen Wertlosigkeit weicht und dem Mitgefühl mit uns Platz macht, dann erst kommen uns all die vielen Bücher, Seminare und Erfahrungen zugute. Vielleicht schauen wir in die Vergangenheit zurück und erkennen, wie oft wir uns das Leben schwerer gemacht haben, als es eigentlich hätte sein müssen. Aber die Vergangenheit ist vergangen. Wir können höchstens noch etwas daraus lernen. Vor uns liegt eine frohe Zukunft.

Ich bin nicht in Ordnung, du bist nicht in Ordnung, und das ist ganz in Ordnung so.
Virginia Satir

Vergebung

Um anderen Menschen verzeihen zu können, müssen wir zuerst einmal uns selbst verzeihen.

Wer glaubt, daß Schuldgefühle uns auf dem »engen, geraden Weg« halten (der von den Moralmaßstäben anderer Menschen definiert wurde), der sollte sich das lieber noch einmal überlegen. Die moderne Psychologie hat oft genug bewiesen, wie gefährlich Schuldgefühle sein können. Um anderen verzeihen zu können, müssen wir zuerst uns selbst verzeihen. Damit durchbrechen wir die alten Verhaltensmuster und machen den Weg für eine Veränderung frei.

Bei einer Gelegenheit traf ich Gary wieder, einen alten Schulkameraden. Er war in tiefem Selbsthaß versunken, weil er seine Frau und seine Kinder geschlagen hatte. Wir begannen über den Teufelskreis der Wiederholungen zu sprechen. Garys Schuldgefühle, sein Abscheu vor sich selbst und seine Frustration wurden von Mal zu Mal größer, und so begann der Teufelskreis immer wieder von vorn. Ich empfahl Gary einen guten Psychotherapeuten, der ihm half zu verstehen, wie dieses Verhaltensmuster sich bei ihm schon in der Kindheit entwickelt hatte, denn auch sein Vater hatte ihn und seine Mutter mißhandelt. So schuf der Therapeut für Gary die Möglichkeit, sich selbst zu verzeihen und sein Selbstwertgefühl und seine Selbstachtung wiederzugewinnen. Auf diese Weise ließen sich die frustrierenden Erfahrungen aus dem Weg räumen, die Gary zur Gewalt getrieben hatten. (Unser Basis-Selbst lernt nicht das Verhalten, zu dem unsere Eltern uns ermahnen, sondern das Verhalten, das sie uns vorleben.)

Wenn wir uns selbst verurteilen, bleiben wir nur in unseren negativen Verhaltensmustern gefangen. Die folgende Übung ist eine einfache psychophysische Methode, uns von unseren Urteilen über uns selbst zu lösen und unser Basis-Selbst von Grund auf zu heilen.

Wie man sich von Selbstverurteilungen löst

1. Schließen Sie für ein paar Sekunden die Augen, und atmen Sie langsam in den Bauch hinein.
2. Lassen Sie Ihr Bewußtsein zu irgendeiner früheren Handlung oder Unterlassung zurückkehren, die Sie bereuen.

3. Sagen Sie laut oder leise vor sich hin: »Ich löse mich von allen Urteilen über mich selbst wegen ... (der Handlung, die Sie sich verzeihen möchten).«
4. Atmen Sie dabei tief ein, und stellen Sie sich beim Ausatmen vor, daß Sie Ihre Urteile ausatmen. Konzentrieren Sie sich dabei nicht auf den Inhalt der Urteile, *fühlen* Sie einfach, wie Sie sie loslassen und dem Geist übergeben.

Wir können den Kreis unserer Selbstheilung noch erweitern, indem wir etwas demütiger werden und auch öfter einmal um Verzeihung bitten. Manchmal bin ich so sehr in meine Arbeit vertieft, daß ich wütend werde, wenn eine meiner Töchter mich stört. Hinterher entschuldige ich mich dann bei ihr und bitte sie, mir zu verzeihen. Wenn sie dann lächelt und ja sagt, spüre ich meistens sofort, wie uns ein warmes Licht einhüllt.

Solche einfachen Akte der Demut können uns helfen, uns selbst und anderen Menschen zu vergeben. In uns nahestehenden Menschen spiegeln sich manchmal unsere eigenen unerkannten Verhaltensmuster wider. Deshalb kann das, was uns an anderen am meisten ärgert, ein Fingerzeig auf ähnliche, unerkannte Verhaltensweisen bei uns selbst sein. Jemandem zu verzeihen hilft uns also gleichzeitig, uns von unseren verborgenen Urteilen über uns selbst zu lösen.

Wie viel überflüssiges Leiden wollen wir noch durchmachen, bis unser inneres Schuldkonto ausgeglichen ist?

Ich muß es noch einmal betonen: Die einzige Möglichkeit, herauszufinden, für wie wertvoll wir uns wirklich halten, besteht darin, unser jetziges Leben zu betrachten. Der Grad unseres Selbstwertgefühls spiegelt sich darin wider, wieviel Gutes wir bisher in unser Leben hereingelassen haben. Je wertvoller wir uns fühlen, um so mehr Gutes wird uns zuteil. Ein mit sich zufriedenes Basis-Selbst sorgt nämlich in der Regel schon ganz von selbst dafür, daß wir zur rechten Zeit am rechten Platz sind.

Wie viel überflüssiges Leiden wollen wir noch durchmachen, bis unser inneres Schuldkonto ausgeglichen ist? Für wie viele wirkliche oder auch nur eingebildete »Sünden« wollen wir uns noch bestrafen, ehe wir es uns endlich erlauben, die Reichtümer des Lebens zu genießen, wie ein glückliches Familienleben, finanzielle Sicherheit, Gesundheit und eine sinnvolle Aufgabe? Welche Entscheidung werden wir treffen?

Mit wieviel oder wie wenig werden wir uns zufriedengeben? Wieviel Gutes können wir verkraften?

Erst nachdem die Macht eines vorbehaltlosen Selbstwertgefühls unser Basis-Selbst erreicht hat und wir aus dieser Tiefe heraus sagen: *»Ich habe etwas Besseres verdient!«*, wird sich unser Leben tatsächlich verbessern – unsere Beziehungen, unsere Arbeit oder auch unsere finanzielle Situation. Das Selbstwertgefühl durchtrennt alle Hindernisse wie das Schwert eines Kriegers und ebnet uns den Weg zu einem neuen Leben.

DER GEGENWÄRTIGE AUGENBLICK

Die Zeit gibt es nicht;
was wir »Vergangenheit« und »Zukunft« nennen,
hat keine Wirklichkeit
außer als von uns erdachter Begriff.
Die Idee der Zeit
ist eine Gewohnheit des Denkens und Sprechens,
eine gesellschaftliche Vereinbarung;
in Wahrheit haben wir nur diesen Augenblick.

Die Gegenwart ist eine mächt'ge Göttin.
Johann Wolfgang von Goethe

Die Idee, daß es die Zeit gar nicht gibt, klingt wie eine abstrakte philosophische Feststellung. Schließlich existiert die Zeit ja in einem praktischen Sinne, oder nicht? Wir haben Uhren und Kalender; wir erinnern uns an längst Vergangenes; und wir dürfen als sicher ansehen, daß sich auch in Zukunft etwas ereignet. In der Zwischenzeit tickt unsere Lebensuhr, vergehen unsere Sekunden, Minuten und Stunden. Deshalb erscheint uns der Gedanke, es gäbe keine Zeit, absolut absurd.

Bei genauerem Nachdenken dämmert uns jedoch noch eine andere Möglichkeit – daß *nur das Jetzt existiert*. Unser Gefühl, daß die Zeit verrinnt, etwa beim Schlangestehen im Postamt, wird nur von einer Reihe von Eindrücken und Erinnerungen genährt, denn wir sind nur von Augenblick zu Augenblick gegenwärtig.

Indem wir unsere Aufmerksamkeit dem Jetzt zuwenden, können wir unser Leben für immer verwandeln.

Wir mögen zwar Reue empfinden über die Vergangenheit, aber diese Vergangenheit existiert im Grunde nur jetzt in unserem Kopf, wo wir die Reue durch Bilder, die wir heraufbeschwören, lebendig halten. Die Zukunft, die uns ängstigt, existiert gar nicht außer in unserem Kopf, wo wir die Angst durch Bilder wachhalten, die wir heraufbeschwören.

Das Gesetz des gegenwärtigen Augenblicks ist kein abstraktes Konzept; die *Zeit* ist das abstrakte Konzept. Dieses Gesetz ist nicht nur für Philosophen interessant; vielmehr ist es für jeden einzelnen von uns da, besonders dann, wenn wir Vergangenes bereuen oder uns um Zukünftiges Sorgen machen.

Indem wir uns an den Gedanken einer ewigen Gegenwart gewöhnen und unsere Aufmerksamkeit dem Jetzt zuwenden, können wir unser Leben für immer verändern. Für immer heißt natürlich auch »jetzt«.

Die meisten unserer Sorgen, Klagen und Probleme sind im Augenblick gar nicht relevant; sie werden durch Bilder, Empfindungen und Assoziationen lebendig gehalten, die wir in unserem Kopf als »Vergangenheit« und »Zukunft« abgespeichert haben. Das Einstellungsgespräch, das morgen stattfinden soll – »morgen« ist ebenfalls nur eine Vorstellung von uns –, wird Wirklichkeit, solange wir daran denken; der Streit mit einem lieben Menschen mit all seinen Tränen und Schuldgefühlen ist längst Geschichte, ein Phantom, das wir im Geiste wiederaufleben lassen, indem wir bereuen, was wir »damals« gesagt haben.

Das Gesetz des gegenwärtigen Augenblicks kann uns von Seelenmüll reinigen und uns wieder in einen Zustand der Einfachheit und des inneren Friedens versetzen. Es nützt uns aber nichts für die Zukunft, und es hat nie eine Vergangenheit gehabt. Das Gesetz des gegenwärtigen Augenblicks hält uns die Wirklichkeit so vor, wie sie ist, und nicht, wie wir sie uns denken, sie uns wünschen, sie uns hoffnungsvoll oder angsterfüllt ausmalen. Nur dieser zeitlose Augenblick existiert. Alles andere ist eine Projektion der Laterna magica in unserem Kopf.

Probleme entstehen durch etwas, was längst geschehen ist. Im Augenblick haben wir keine Probleme.

Normalerweise entstehen unsere Probleme durch etwas, was längst geschehen ist, sei es vor zwei Sekunden oder vor zwei Jahrzehnten gewesen, oder durch etwas, von dem wir annehmen, daß es in dem, was wir Zukunft nennen, passieren wird. Im Augenblick selbst haben wir eigentlich fast nie Probleme.

Hier ein Beispiel: Rudolf, voll in der Midlife-Krise, sitzt auf einer Parkbank. Seine Frau will ihn verlassen; seine Tochter wird gerade mit seiner letzten Kreditkarte Weltmeisterin im

Einkaufen; seine Bank hat eben jemanden vorbeigeschickt, der ihm ein Schild mit der Aufschrift »Zu verkaufen« an die Haustür geheftet hat; und sein Sohn braucht eine Kaution, weil er betrunken in einem gestohlenen Auto herumgefahren ist. Rudolfs Leben ist ein Scherbenhaufen. Oder nicht? Fing diese kleine Szene nicht damit an, daß er auf einer Parkbank sitzt? Im Augenblick ist nur das Sitzen Realität für Rudolf. Er wird sich sicher mit anderen Augenblicken und anderen Problemen beschäftigen müssen, aber in *diesem* Augenblick hat er keine Probleme. Er sitzt einfach nur im Park auf einer Bank.

Unser Körper lebt ganz in der Gegenwart. Trotz aller Gedanken, die wir uns um Fehler in der Vergangenheit und Probleme in der Zukunft machen mögen, können wir uns auf das Gesetz des gegenwärtigen Augenblicks stützen und uns darauf besinnen, daß nur die Gegenwart existiert. Wir müssen lediglich aus diesem Augenblick das Beste machen, indem wir ihn genießen, ganz ausfüllen und einen Fuß vor den anderen setzen, während wir das tun, was gerade anliegt, im Moment, den einen Schritt.

Warum über die Zukunft nachgrübeln? Pläne sind Gedanken, und Gedanken ändern sich.

Wer gern Schritte überspringt, kann lernen, im gegenwärtigen Augenblick zu verharren. Die von uns, die gern Abkürzungen nehmen, um dorthin zu gelangen, wohin sie unterwegs sind, können sich eine Ruhepause gönnen, tief Luft holen und sich ins Gedächtnis zurückrufen, daß nur das Jetzt existiert. Wer verwirrt oder ungeduldig ist und viel über Zukunftspläne nachgrübelt, kann sich allmählich klarmachen, daß Pläne Gedanken sind und Gedanken sich ändern. Sie sind zeitabhängig, und Zeit existiert nur im Kopf. Dem Gesetz des gegenwärtigen Augenblicks Folge zu leisten erfordert Übung – wie jede Gesetzesanwendung. Wir merken vielleicht, daß wir uns verspannen, Sorgen machen oder ärgern bei einem Gedanken an die Vergangenheit oder Zukunft, der uns durch den Kopf geht; dann erinnern wir uns daran, wo wir sind, nämlich hier und jetzt – und dann vergessen wir es wieder. Aber wir erinnern uns immer häufiger daran, so daß sich die Qualität des gegenwärtigen Augenblicks zunehmend verbessert.

Die folgenden Übungen können Ihnen helfen, sich das Gesetz des gegenwärtigen Augenblicks durch unmittelbare Erfahrung und Anwendung zunutze zu machen:

Die Erfahrung des gegenwärtigen Augenblicks

1. Denken Sie einmal über folgende Fragen nach:
   - Erleben Sie wirklich, wie die Zeit vergeht, oder nur, wie Ihre Gedanken kommen und gehen?
   - Können Sie einen anderen als diesen Augenblick durchleben?
   - Existiert die Vergangenheit überhaupt, außer in Form von Niederschriften, gespeicherten Erinnerungen und festgehaltenen Spannungen, die Sie in der Gegenwart lebendig halten?
   - Beziehen Sie Ihre Kraft aus der Vergangenheit, der Zukunft oder der Gegenwart?
2. Lassen Sie die Fragen, atmen Sie tief ein, und geben Sie sich entspannt der ewigen Gegenwart hin.

Die Anwendung des Gesetzes des gegenwärtigen Augenblicks

1. Rufen Sie sich aus der Vergangenheit etwas ins Gedächtnis zurück, was Sie bereuen, was Ihnen angst gemacht oder Sie ungeduldig gemacht hat.
2. Fragen Sie sich jetzt: Entsprang das damit verbundene Gefühl einem Ereignis, das in diesem Augenblick stattgefunden hat? Oder stellte es sich durch Gedanken an die Vergangenheit oder Zukunft ein, die Ihnen in jenem Moment durch den Kopf gingen?
3. Fragen Sie sich zum Schluß: Gibt es in meinem Leben *jetzt gerade* irgendwelche Probleme oder Ärgernisse? Nicht generell, sondern *jetzt* – in diesem Augenblick? In wie vielen realen Augenblicken empfinden Sie das betreffende Problem?

JETZT

Die Zeit ist ein Widerspruch in sich.
Sie erstreckt sich zwischen
einer »Vergangenheit« und einer »Zukunft«,
die nur in unseren Köpfen existieren.
Der Begriff der Zeit
ist nur eine Konvention unseres Denkens und unserer Sprache,
eine Übereinkunft unserer Gesellschaft.
Die tiefere Wahrheit lautet:
Wir haben nur diesen einen Augenblick.

Der Abstieg ging schneller vonstatten als der Aufstieg, aber das fiel mir kaum auf, so sehr war ich in Gedanken versunken. Wohin gehen wir jetzt? Was haben wir als nächstes vor? Werde ich mir alles merken können, was die Frau gesagt hat? Wann komme ich nach Hause? Ob ich sie morgen wohl wiedersehen werde?

Als habe sie meine Gedanken erraten, sagte die weise Frau: »Dich scheinen viele Fragen zu beschäftigen. Also ist jetzt wohl der richtige Zeitpunkt gekommen, dir das Gesetz der Gegenwart zu erklären. Ja«, wiederholte sie nachdenklich, »*jetzt* ist immer der richtige Zeitpunkt.« Die weise Frau deutete auf die Hügel, die unter uns lagen. »Siehst du, wie die Sonne die Narzissen dort bescheint, die einen so schönen Kontrast zu dem smaragdgrünen Gras bilden? Für mich sind diese Blumen genauso prächtig wie die Kunstwerke in allen Museen dieser Welt.« Schweigend wanderten wir weiter. Allmählich wurde es dunkel, und die Farben um uns herum verblaßten.

Etwas später umrundeten wir ein paar Felsblöcke, die mir bekannt vorkamen, und die Hütte der Frau tauchte wieder vor uns auf. Sie öffnete die strohverkleidete Tür. Wie beim erstenmal forderte sie mich auf einzutreten. Bald knisterte ein Feuer im Kamin. Dann erhob sie sich und bat mich, sie einen Augenblick zu entschuldigen. Ich vermutete, daß sie sich erleichtern wollte, wie ich es vorhin auch getan hatte.

Nur wer von Augenblick zu Augenblick lebt, kann ein ganzes Leben lang glücklich sein.
Margaret Bonnano

Doch es verging Minute um Minute, und sie kam nicht wieder. Ich begann nervös zu werden und mich zu fragen, wann sie wohl zurückkehren würde und wie ich im Dunkeln den Weg nach Hause finden sollte, falls das heute abend überhaupt noch möglich war. Wahrscheinlich konnte ich im Freien schlafen; draußen war es zwar kühl, aber nicht kalt, und meine Familie wollte erst am Montag nachmittag zurückkommen; also hatte ich noch zwei Tage Zeit.

Was als nächstes geschah, war so eigenartig, daß ich meinen Augen nicht traute. Statt der weisen Frau kam eine große Katze in die Hütte geschlendert. Bedächtig bewegte sie sich vorwärts, so als wisse sie genau, wo sie hinwollte. Sie hatte ein dunkles, glänzendes Fell und ähnelte halb einer Siamkatze und halb – na ja, halb der weisen Frau. Denn ehe ich wußte, wie mir geschah, begann sie zu mir zu sprechen, und zwar nicht mit dem Mund, sondern mit ihren

Gedanken. Ihre Stimme klang genauso wie die der weisen Frau, nur leiser. Sie saß stolz aufgerichtet nach Katzenart da, schaute mir direkt in die Augen und kam sofort zum Thema. »Hast du eigentlich schon mal darüber nachgedacht, was für eine paradoxe Sache die Zeit ist?« fragte sie mich und begann sich anmutig die Schulter zu lecken.

Mir kam das alles sehr seltsam vor. »Eigentlich nicht«, antwortete ich laut. »Jedenfalls nicht seit dem letzten Zeitreiseroman, den ich gelesen habe.«

> »Die Zeit ist nur eine Konvention unseres Denkens, eine Übereinkunft unserer Gesellschaft.«

Wieder erklang ihre Stimme in meinem Ohr: »Die Zeit erstreckt sich zwischen einer Vergangenheit und einer Zukunft, die keine objektive Realität besitzen. Sie ist nur eine Konvention unseres Denkens und unserer Sprache, eine Übereinkunft unserer Gesellschaft.«

»Mit anderen Worten: Die Zeit existiert nur, weil wir behaupten, daß sie das tut?«

»Genau«, flüsterte sie. »Deine Lebenszeit ist wie ein Film, der aus lauter verschiedenen Einzelbildern besteht, die an einem Projektionsobjektiv vorbeiziehen. Jedes Einzelbild zeigt einen Ort, an dem du in einem gegenwärtigen Augenblick deines Lebens existierst, aber die Bilder scheinen sich zu bewegen. Du kannst dich in Gedanken in die sogenannte Vergangenheit oder Zukunft hineinversetzen, aber leben kannst du nur in der Gegenwart. Meine Artgenossen und ich sind Meister in dieser Kunst.« Nach diesen Worten räkelte sie sich, legte sich graziös auf dem Boden nieder und beschäftigte sich mit der Pflege ihres Fells.

Ich dachte über ihre Worte nach. Schon immer hatte ich eine Vorliebe für Katzen gehabt, trotz der unnahbaren Überlegenheit, die sie zur Schau trugen. Und wenn es auch verrückt sein mochte, das Gesetz der Gegenwart ausgerechnet von einer Katze zu lernen, so kam es mir doch andererseits sehr passend vor. Katzen scheinen sich nicht sonderlich um Vergangenheit oder Zukunft zu kümmern. Wie die weisesten aller Menschen leben sie jeden Augenblick so, als sei er etwas völlig Neues.

»Was du gestern oder letztes Jahr getan hast, existiert nur noch in deinem Kopf.«

Die Katze blickte mit ungeteilter Aufmerksamkeit zu mir empor. »Meine Artgenossen und ich sind so eindrucksvolle

Persönlichkeiten, weil wir immer voll und ganz präsent sind: jetzt und hier. Kannst du das gleiche von dir behaupten?«

»Von mir? Eigentlich schon. Ich – manchmal habe ich schon das Gefühl, jetzt in diesem Augenblick dazusein. Das heißt …«, stammelte ich. Aber die Katze hatte sich unterdessen wichtigeren Dingen zugewandt. Im Augenblick beobachtete sie einen Nachtfalter, der im Feuerschein umherflatterte.

»Was du heute früh oder gestern oder letztes Jahr getan hast, existiert nur noch in deinem Kopf«, fuhr sie fort, als verdienten meine Worte keinen weiteren Kommentar. »Und was als nächstes kommen wird, ist bis jetzt nichts weiter als ein Traum. Wir haben nur diesen Augenblick. Verstehst du, was ich meine?«

»Ja, ich verstehe!« rief ich, obwohl mir noch gar nicht so klar war, was ich eigentlich verstehen sollte.

»Ich habe noch nicht zu Ende gesprochen. Ist dir klar, daß dieses Gefühl von der Vergänglichkeit der Zeit in Wirklichkeit nur eine Reihe von Eindrücken und Erinnerungen ist, die jetzt in diesem Augenblick an deinem inneren Auge vorüberziehen? Wenn wir etwas *Vergangenes* bedauern, so sind das Eindrücke, die jetzt, in dieser Sekunde in uns aufsteigen. Und auch unsere Sorgen um die Zukunft existieren nur in diesem Moment in unserem Kopf – als Bilder, Geräusche und Empfindungen. Mit anderen Worten: Vergangenheit und Zukunft existieren *jetzt in diesem Augenblick*, und du selbst erschaffst sie.«

»Und das soll das Gesetz der Gegenwart sein? Mir kommt das reichlich abstrakt vor«, sagte ich in dem vagen Versuch, in diesem Gespräch die Oberhand zu gewinnen.

»Das Abstrakte daran ist die *Zeit*«, erwiderte sie. »Aber du kannst das Gesetz der Gegenwart auch ganz praktisch anwenden, um Sorgen, Reue und Verwirrung aus deinem Denken zu verbannen. Je mehr du übst, um so leichter wird es dir fallen, deine Aufmerksamkeit immer wieder auf den gegenwärtigen Moment zurückzulenken. Eines Tages wird dir diese Einstellung vielleicht genauso selbstverständlich sein wie mir.«

Sie muß wohl immer das letzte Wort behalten, dachte ich. Aber diese Katze hatte ja recht, und ganz offensichtlich praktizierte sie selbst, was sie mir da predigte. In diesem Augenblick schweiften meine Gedanken ein paar Sekunden lang ab, und ich schaute zur Tür. Wo blieb die weise Frau denn nur? Eigentlich hätte sie längst zurück sein müssen.

»Hallo!« hörte ich die Katze rufen, und mit einem Schlag kehrten meine Gedanken wieder in die Gegenwart zurück.

Verstehst du jetzt, daß das Gesetz der Gegenwart dein Leben für immer verändern kann? ›Für immer‹ bedeutet natürlich *jetzt*, in diesem Augenblick.«

> **»Du nährst die Probleme, indem du ihnen Aufmerksamkeit, Energie und kostenlose Unterkunft in deinem Kopf gewährst.«**

»Ich weiß schon lange, wie wichtig es ist, in der Gegenwart zu leben«, erwiderte ich scharf in dem kläglichen Versuch, wenigstens ein bißchen von meiner Selbstachtung zu retten.

»Wissen und Tun sind oft zweierlei, vor allem bei dir«, schnurrte sie mit selbstzufriedenem Gesichtsausdruck. »Alle deine Probleme haben mit der Vergangenheit oder der Zukunft zu tun. Du nährst die Probleme in deinem Inneren, indem du ihnen Aufmerksamkeit, Energie und kostenlose Unterkunft in deinem Kopf gewährst. Ich dagegen würdige sie keine Sekunde meiner Beachtung. Das Leben ist einfach zu kurz«, erklärte sie in sehr bestimmtem Ton.

»Danke, Eure Hoheit«, spottete ich. »Ist der Vortrag nun zu Ende?«

»Noch lange nicht. Erst wenn du wirklich begriffen hast, daß Vergangenheit und Zukunft nur eine schlechte

Angewohnheit des Denkens sind – deines Denkens. Die Sorgen, die man sich um die Vergangenheit oder die Zukunft macht, ähneln den Halluzinationen eines Verrückten, der Stimmen hört oder nichtexistente Wesen sieht. Ich bin selbstverständlich kein solches Wesen.«

Mir entging nicht die Ironie, die darin lag, solche Worte ausgerechnet von einer sprechenden Katze zu hören.

»Aber«, fuhr sie fort, »je mehr du dir dein augenblickliches Tun bewußtmachst, um so leichter kannst du diese Verhaltensweise überwinden, so wie alle anderen schlechten Angewohnheiten auch. Du brauchst nur an das Gesetz der Gegenwart zu denken und es anzuwenden.« Sie hörte auf, sich das Fell zu lecken, und wandte mir ihre volle Aufmerksamkeit zu. »Ich hoffe sehr, daß du das Gesetz der Gegenwart zu schätzen weißt und auch die Zeit, die ich mir genommen habe, um es dir zu erklären.«

> »Befreie dein Denken von allem Überflüssigen, damit du in einen Zustand des inneren Friedens zurückkehren kannst.«

Ohne meine Antwort abzuwarten, fuhr sie fort: »Die Gegenwart gleicht einer Zeitmaschine, die deinen Geist erleuchtet, dich von allen Sorgen befreit und einer neuen Lebensweise den Weg ebnet. Mit anderen Worten: Du wirst mehr wie ich.«

»Ich kann es kaum erwarten«, lachte ich.

»Wie bereits gesagt: Um Persönlichkeit zu haben, mußt du in der Gegenwart leben und dir stets bewußt sein, wann und wo du bist; dann wirst du auch wissen, wer du bist. Das Gesetz der Gegenwart lehrt dich die Wichtigkeit dessen, was du heute tust, denn schließlich gibst du einen Tag deines Lebens dafür her. Also befreie dein Denken von allem Überflüssigen, damit du wieder in einen Zustand der Klarheit, Einfachheit und des inneren Friedens zurückkehren kannst.«

»So wie du«, sagte ich.

»Schön, daß dir das aufgefallen ist«, schnurrte sie. »Und vergiß nicht: So real dir deine Gedanken auch vorkommen mögen, du kannst dir jederzeit das Gesetz der Gegenwart ins Gedächtnis zurückrufen. Dann weißt du, daß nur das jetzt existiert und nur der gegenwärtige Augenblick real ist. Wenn du daraus einen Akt der Andacht machst und dir der Heiligkeit des Augenblicks bewußt wirst, verneigst du dich vor jenem gelassenen, katzenhaften Ich in deinem Inneren, das diese Weisheit schon lange kennt – und alles wird gut.«

»So leicht ist es, wie eine Katze zu werden?«

»Dich dürfte es schon einige Anstrengung kosten«, erwiderte sie, machte einen Buckel, gähnte und schlenderte um den Kamin herum zur Tür. »Heiße diesen Augenblick willkommen, setze einen Fuß vor den anderen und erledige das, was gerade vor dir liegt. Denn auch wenn deine Gedanken in die Ferne schweifen, dein Körper existiert immer nur jetzt und hier. Hast du es eilig, dann ruhe in der Gegenwart. Hole tief Luft und kehre ins Hier und Jetzt zurück.« Wieder räkelte sich die Katze genüßlich. Dann verließ sie die Hütte ohne weiteren Kommentar.

»Hast du es eilig, dann ruhe in der Gegenwart.«

Kaum war sie verschwunden, da tauchte die weise Frau wieder auf und setzte sich ohne jede Erklärung zu mir. »Wo war ich stehengeblieben?« fragte sie. »Ach ja, wir hatten vom Gesetz der Gegenwart gesprochen.«

»Ich glaube, das habe ich inzwischen ganz gut begriffen«, sagte ich. Glitzerte da nicht so etwas wie Belustigung in ihren Augen? »Wo warst du eigentlich die ganze Zeit?«

»Ach, ich bin nur ein wenig nach draußen gegangen, habe mich an die Mauer der Hütte gelehnt und die kühle Nachtluft genossen.«

»Sag mal, warst du etwa ...?« Ich brauchte meinen Satz gar nicht zu beenden. Ich brauchte der weisen Frau nur zuzusehen, wie sie bedächtig einen kleinen Kessel an einen grünen Stock über das Kaminfeuer hängte und ein paar Teeblätter hineinwarf. Ich überlegte, ob wir unser Gespräch wohl noch bis tief in die Nacht hinein fortsetzen würden. Doch dann schob ich den Gedanken beiseite und genoß ganz einfach den Augenblick – und den Tee, der phantastisch schmeckte.

ALLTAG

Die Suche ist unnötig, das Streben führt zu nichts.
Alles ist gleich,
darum sei glücklich – und zwar jetzt.
Hör auf zu kämpfen, laß ab von deinem Grübeln,
wirf die Sorgen von dir,
und fühle dich wohl auf dieser Welt.
Du brauchst dich nicht aufzulehnen gegen das Leben.
Mach die Augen auf und erkenne,
daß du viel mehr bist, als du glaubtest.
Du bist schon erlöst!

Am Schluß meines Buches *Der Pfad des friedvollen Kriegers* beschrieb ich eine wichtige Erkenntnis. Ich konnte dafür keine anderen Worte finden als die vorhergehenden – hehre Worte, einem ekstatischen Augenblick der Erleuchtung entsprungen. Ein paar Jahre später kamen sie mir vor wie Worte eines Fremden. Ich konnte mich zwar noch an sie erinnern, aber ich konnte sie nicht mehr *nachempfinden*. Solche hochfliegenden Gedanken helfen uns nicht weiter, wenn wir Schmerzen oder Probleme mit unserem Partner haben oder wenn wir uns den Kopf darüber zerbrechen müssen, wie wir diesen Monat unsere Rechnungen bezahlen sollen.

An jenem Tiefpunkt meines Lebens wurden mir unzählige Türen vor der Nase zugeschlagen, und es schien sich nichts Neues aufzutun. Trotz all meiner Erkenntnisse fühlte ich mich verloren und war völlig frustriert. Ich tat, was ich konnte, um meine Familie zu ernähren. Ich hatte zwei verschiedene Stellen, fing morgens um halb fünf schon mit der Arbeit an und war abends um sechs fertig. Ich arbeitete als Schreibkraft – das war die einzige verwertbare Fähigkeit, die ich damals besaß. Ich war verschuldet bis über beide Ohren und blickte nie über den jetzigen Augenblick hinaus. Ich tat einfach, was gerade getan werden mußte, blieb für alle Möglichkeiten offen und lebte von einem Tag zum nächsten.

> **Ein Schüler, von dem nie etwas verlangt wird,
> was er nicht kann, wird auch
> nie alles leisten, wozu er fähig ist.
> John Stuart Mill**

Ein Ausspruch von Socrates half mir, diese düstere Zeit zu überstehen. Er hatte mich damals daran erinnert, daß das Leben in Zyklen verläuft – auf einen Aufstieg folgt immer wieder ein Abstieg, und was ganz unten gelandet ist, kann auch wieder aufsteigen. Unsere Fortschritte gehen oft sehr langsam vonstatten. Wir erinnern uns an etwas, dann vergessen wir es wieder, dann fällt es uns irgendwann wieder ein. Wir machen zwei Schritte vorwärts und einen zurück. Ganz gleich, was für Erleuchtungen wir haben, wir müssen trotzdem nach wie vor den Realitäten des täglichen Lebens ins Auge sehen.

Ein junger Mann hatte fünf Jahre lang mühsam nach der Wahrheit gesucht. Eines Tages, als er die Ausläufer eines großen Gebirges bestieg, sah er von oben einen alten Mann herunterkommen, der einen schweren Sack auf dem Rücken trug. Er spürte, daß dieser alte Mann auf dem Gipfel gewesen war. Endlich hatte er einen Weisen gefunden – einen, der ihm die

Frage beantworten konnte, die sein Herz am meisten bewegte.

»Bitte, o Herr«, sprach er ihn an, »sag mir, was Erleuchtung bedeutet.«

Lächelnd blieb der Alte stehen. Er blickte den jungen Mann unverwandt an, ließ langsam die schwere Last von seinen Schultern gleiten, legte den Sack auf den Boden und richtete sich auf.

»Aha, ich verstehe«, erwiderte der junge Mann. »Aber was kommt nach der Erleuchtung?«

Da holte der alte Mann tief Luft, lud sich den schweren Sack wieder auf den Rücken und ging weiter.

Socrates hat einmal zu mir gesagt: »Ein Blitz der Erleuchtung gibt dir einen Vorgeschmack künftiger Attraktionen. Doch wenn er wieder erlischt, wirst du nur um so deutlicher spüren, welcher Abgrund dich noch von diesem Zustand trennt – deine zwanghaften Gewohnheiten, deine verstaubten Ansichten, deine falschen Assoziationen und andere Strukturen deines Denkens.« Gerade dann, wenn unser Leben beginnt, sich zum Besseren zu wenden, haben wir oft das Gefühl, daß alles schlimmer wird – denn jetzt sehen wir zum erstenmal klar und deutlich, was alles noch getan werden muß.

»Auch nach der Erleuchtung«, fuhr Socrates fort, »werden immer wieder Schwierigkeiten auf dich zukommen, nur deine Einstellung zu diesen Problemen ändert sich. Du siehst mehr und leistest weniger Widerstand. Du entwickelst die Gabe, deine Probleme in Lektionen zu verwandeln, die es zu lernen gilt, und deine Lektionen in Weisheit.«

Ein einfaches Leben

*Wir alle können ein einfaches Leben führen,
indem wir inmitten der Hektik des Alltags
einen ruhigen Geist bewahren.*

Mahatma Gandhi, politischer Aktivist und Verfechter des gewaltlosen Widerstandes, riet uns allen, »ein einfaches Leben zu führen, damit andere Menschen wenigstens das Einfachste zum Leben haben«. Gandhi hat sich tatsächlich an dieses hohe Ideal gehalten. Er trug einen Lendenschurz oder ein anderes einfaches Gewand, spann seine Baumwolle selbst, nahm nur das, was er brauchte, und gab her, was er konnte. Aber Gandhi bekam Unterstützung von anderen Leuten. Ein indischer Industrieller, der für Gandhis Sache Millionen spendete, sagte einmal: »Gandhis einfaches Leben hat mich ein Vermögen gekostet.«

Einfachheit bedeutet für jeden Menschen etwas anderes – je nach seinem Alter, seinen Lebensumständen und seinen Zielen. Nur wenigen ist es bestimmt, Gandhis hohe Ideale zu verkörpern, ein extrem einfaches, entsagungsvolles Leben zu führen oder wie ein wandernder Asket einsam in einer Höhle oder im Wald zu hausen. Wir werden uns wohl eher mit den Alltagsrealitäten unserer modernen Gesellschaft auseinandersetzen müssen. Wir werden eine Ausbildung absolvieren, einen Beruf ergreifen, einen Freund oder eine Freundin haben, vielleicht eines Tages auch eine Familie gründen und uns all den Aufgaben und Herausforderungen stellen, die damit zusammenhängen. Trotzdem können wir innerlich ein einfaches Leben führen, uns inmitten der Hektik des Alltags einen ruhigen Geist bewahren.

> Der Alltag – die Familie, der Beruf, unsere Liebesbeziehungen –, das *ist* spirituelle Praxis.

Jemand beklagte sich einmal bei mir: »Ich würde ja gern wie ein friedvoller Krieger leben und mich intensiver meinen spirituellen Übungen widmen. Aber ich habe nun mal einen Beruf und eine Familie und einfach keine Zeit!«

Dieser Mann hatte noch nicht begriffen, daß seine Familie und sein Beruf – die Beziehung zu seiner Frau, die Verantwortung für seine Kinder und die Zwänge des Berufslebens – seine spirituelle Übung *waren*. Solch eine Übung fordert uns oft stärker und trägt mehr zu unserer Entwicklung bei, als wenn wir einfach in einer Höhle säßen und meditierten. Ich spreche aus Erfahrung, weil ich beides kenne.

Natürlich muß auch die innere Arbeit zu ihrem Recht kommen. Man braucht die Möglichkeit, sich zurückzuziehen und von allem wegkommen zu können. Aber für den friedvollen Krieger *ist das tägliche Leben die Arena, in der er seine Ausbildung erhält.* Die Anforderungen dieses Lebens bringen unsere Schwächen ans Tageslicht, verwandeln sie in Stärken und entwickeln unseren Körper, unser Denken und unsere Emotionen weiter.

Als unsere gemeinsame Zeit sich dem Ende zuneigte, erinnerte Socrates mich: »Ich habe dir den Pfad des friedvollen Kriegers gezeigt – nicht den Pfad, der zum friedvollen Kriegertum führt. Die Reise selbst macht den Krieger aus dir. Das tägliche Leben ist deine Reise und deine Ausbildung. Sobald dir das klar wird, gewinnt jeder Augenblick einen tieferen Sinn.«

Wenn das Leben ein Tanz ist, dann brauchen wir einen Tanzpartner.

Der Alltag bietet uns gerade deshalb so viele Möglichkeiten zu innerem Wachstum, weil er so viele Anforderungen an uns stellt. Die Probleme, die uns auf die Probe stellen und innerlich wachsen lassen, sehen wir alle: Arbeit oder Beruf, Finanzen, Partnerbeziehungen, Ausbildung, Wohnung, Gesundheit, Ernährung und Sport – und natürlich auch die Suche nach dem Sinn unseres Lebens und der Richtung, die wir einschlagen wollen.

Wenn das Leben ein Tanz ist, dann brauchen wir einen Tanzpartner. Eine enge, intensive Beziehung zu einem anderen Menschen hat einen stabilisierenden Einfluß auf unser Leben. Wir gewinnen dadurch Zeit, unsere Aufmerksamkeit anderen Dingen zu widmen. Da wir einen Sexualtrieb haben und die Sexualität im Leben der meisten Menschen eine wichtige Rolle spielt, ist eine stabile Partnerbeziehung begrüßenswert. Sonst resignieren wir entweder und finden uns damit ab, daß uns nur die Selbstbefriedigung bleibt, oder wir suchen unser ganzes Leben lang nach einem Partner.

Die meisten Paare fühlen sich zunächst einmal aufgrund ihrer sexuellen Bedürfnisse zueinander hingezogen – gleichgültig, was sie sonst noch aneinander fasziniert. Fast immer hat der eine Partner ein größeres Bedürfnis nach sexueller Befriedigung als der andere, so daß in den meisten Beziehungen eine dynamische Spannung herrscht.

Außerdem geht es im brodelnden Hexenkessel der Partnerbeziehungen auch noch um Probleme wie Nähe und

Zuneigung, Gemeinsamkeit und persönlichen Freiraum, gegenseitige Unterstützung und Loyalität, ehrliches Feedback und offene Gespräche.

Eine Partnerbeziehung stellt viele Anforderungen an uns: Sie verlangt innere Offenheit, die Bereitschaft, dem Partner nahe zu sein, Dinge mit ihm zu teilen und Opfer zu bringen, Anpassungsfähigkeit, Gefühl, Leidenschaft, Ehrlichkeit und Verletzlichkeit. Diese Anforderungen können den Egoismus des Bewußten Selbst, das dazu neigt, seinen Bedürfnissen absolute Priorität einzuräumen, bedrohen oder gar gefährden. Mit anderen Worten, eine Partnerbeziehung ist ein Affront für das Ich.

Es ist ganz normal, daß Paare nach den Flitterwochen nicht mehr so gut miteinander auskommen. Feste Beziehungen, beispielsweise Ehen, gehören zu den anspruchsvollsten spirituellen Disziplinen auf unserem Planeten, denn wir neigen dazu, vor Liebe und Nähe zurückzuscheuen. Eine feste Beziehung ist ein Ansporn für uns, über diese Tendenzen hinauszuwachsen.

Vielleicht ist Humor der beste Garant für die Beständigkeit einer Beziehung.

Manche Paare schließen unbewußt Verträge miteinander, um sich gegenseitig tolerieren zu können. Solange die Bedürfnisse beider Seiten befriedigt werden, bleiben sie zusammen; doch sobald die Verpflichtungen schwerer wiegen als die Vorteile, lassen sie sich scheiden oder distanzieren sich zumindest emotional voneinander. Andere Paare, die bewußter sind, bringen auch noch psychologische Erkenntnisse in die Partnerschaft ein. Sie treffen Vereinbarungen, respektieren den Freiraum des anderen und gestalten ihr Zusammenleben so, daß beide einander unterstützen und voneinander profitieren.

In dieser Hinsicht bin ich stolz auf meine Eltern, die trotz all ihrer Probleme und Schwächen neunundfünfzig Jahre lang zusammengelebt und sich geliebt haben. Sie haben sich sogar ihren Humor bewahrt – vielleicht ist das die beste Erklärung für die Dauerhaftigkeit ihrer Beziehung. Eine solche enge, langfristige Bindung ist eine ganz besondere spirituelle Leistung. Paare, die das geschafft haben, sind in mancherlei Hinsicht mehr gereift als viele meiner intellektuellen jungen Freunde, die alles über »Bewußtseinsebenen« wissen.

Auch Kinder stellen trotz aller Freude, die sie uns machen, viele emotionale und finanzielle Anforderungen an uns. Sie fordern Opfer und sind damit eine spirituelle Trainingsform des Lebens, die uns ganz besonders wachsen läßt. Ich habe einmal ein Poster gesehen, auf dem stand: »Nicht reife Erwachsene machen Kinder, sondern Kinder machen erst Erwachsene reif.«

Kinder bringen uns in Kontakt mit Einfachheit, Verspieltheit und Kreativität.

Wer selbst keine Kinder haben möchte, kann vom Umgang mit Neffen, Nichten oder anderen Kindern profitieren. Dadurch finden wir wieder Kontakt zur Einfachheit, Verspieltheit und Kreativität unseres Basis-Selbst. Auch die Sorge für einen Hund oder irgendein anderes Haustier, das Aufmerksamkeit und Zuneigung braucht, bietet uns die Möglichkeit zu liebevollem Kontakt mit einem Lebewesen, das viele Eigenschaften unseres Basis-Selbst verkörpert.

Obwohl sie vielleicht selbst schon Eltern sind, haben viele Menschen noch Probleme mit ihren eigenen Eltern. Manchmal kehren wir diese Konflikte unter den Teppich, weil wir fürchten, unsere Eltern »aufzuregen« oder zu »kränken«, wenn wir sie offen ansprechen. Gerade deshalb ist unsere Beziehung zu unseren Eltern eine ausgezeichnete Chance, Mut und Liebe zu beweisen und innerlich zu wachsen.

Wer weder heiraten noch Kinder haben möchte, braucht sich keine Sorgen zu machen, denn Ehe und Elternschaft sind nur zwei der unzähligen Möglichkeiten, sich weiterzuentwickeln. Es gibt für jeden Menschen einen Weg.

Das Beziehungsgeflecht in einer Firma ist so etwas wie ein Mikrokosmos des Lebens.

Die meisten von uns streben nach einem sinnvollen Beruf. Wir brauchen einen Zeitvertreib und das Gefühl, ein nützliches Mitglied der Gesellschaft, in der wir leben, zu sein. Das Beziehungsgeflecht in einer Firma ist so etwas wie ein Mikrokosmos des Lebens. Die zwischenmenschlichen Kontakte am Arbeitsplatz bieten uns reichlich Gelegenheit, Dinge auszutragen, mit Kollegen, mit Vorgesetzten oder mit dem »Betriebsekel« (ob das nun der Chef ist oder jemand anderes).

Unsere Arbeit konfrontiert uns ständig mit der Frage: Wer bist du? Was für Wertvorstellungen hast du? Wie setzt du deine Prioritäten? Wo liegen deine besonderen Fähigkeiten und Verdienste? Wie kommst du mit anderen aus? In seinen Anforderungen bietet das Berufsleben uns genauso viele Möglichkeiten zum Wachstum wie die Ehe.

Das Leben auf dieser Welt kostet nun einmal Geld. Wenn wir finanziell nicht völlig unabhängig sind, gehört zum rechten Lebensunterhalt, daß wir der Welt mit unserer Arbeit einen Dienst leisten, indem wir unsere Werte und Fähigkeiten einbringen. Wieviel Geld wir damit verdienen, hängt von unseren vermarktbaren Fähigkeiten, dem gewählten Beruf und unserer Selbsteinschätzung ab – dem eigenen Gefühl, was wir wert sind. Unsere Arbeit und unsere finanziellen Angelegenheiten spiegeln wider, wie wir im Augenblick »funktionieren«, und enthalten daher viele Möglichkeiten zu innerem Wachstum.

Wir können uns nicht so leicht selbst betrügen, wenn wir in den Spiegel schauen.

Unser Gesundheitszustand und unsere körperliche Verfassung spiegeln unseren momentanen Grad an Disziplin und emotionaler Klarheit wider und reflektieren, wie unsere Psyche funktioniert. Wir können uns nicht so leicht selbst betrügen, wenn wir in den Spiegel schauen. Wenn wir durch unser Make-up und den modischen Schnitt unserer Kleidung hindurch uns unsere Energie und Vitalität anschauen, erhalten wir ein wertvolles Feedback über unsere Lebensweise, unseren Grad an Bewußtsein und Disziplin, ja sogar unserer Selbstachtung. Unsere Gesundheit, unsere körperliche Erscheinung und unsere Fitneß, die wir durch richtige Ernährung, Bewegung und ein ausgeglichenes Leben erlangen, fordern von uns ständige Selbstbeobachtung und zwingen uns, immer wieder Bilanz zu ziehen – auch das ist ein wichtiger Teil des Trainings.

Probleme und Lektionen des täglichen Lebens

1. Welche Lebensbereiche (Beruf, Geld, Partnerbeziehungen, Ausbildung, Gesundheit – zum Beispiel Abhängigkeiten, Ernährung, Sport usw.) waren bisher die größte Herausforderung für Sie?
2. Beschreiben Sie in einem oder zwei Sätzen, was Sie aus dieser Herausforderung im wesentlichen gelernt oder welche Eigenschaften Sie dadurch erworben haben.

Das tägliche Leben konfrontiert uns immer wieder mit neuen Entscheidungen. Sollen wir aufstehen oder im Bett bleiben? Heiraten oder unseren Weg allein gehen? Erst einmal studieren oder gleich einen Beruf ergreifen? Ziele wählen, die in greifbarer Nähe oder in weiter Ferne liegen? Jede Entscheidung, die wir treffen, bringt ihre Vor- und Nachteile mit sich. Die Fragen des täglichen Lebens zwingen uns dazu, uns über unsere tief inneren Wertmaßstäbe klarzuwerden, sie gegeneinander abzuwägen und dann eine Entscheidung zu treffen. Jede Entscheidung hat Konsequenzen, aus denen wir etwas lernen können. Deshalb ist jeder von uns, der in der Arena des Alltags lebt und arbeitet, automatisch in einer Vollzeitausbildung auf dem Pfad des friedvollen Kriegers.

Vertrauen

Das Gesetz des Vertrauens gründet sich
auf die Erkenntnis, daß wir mehr Wissen besitzen,
als wir uns durch Lesen, Zuhören und Studieren
erworben haben;
wir wissen mehr, weil wir mehr sind;
wir haben eine direkte Verbindung
zur universellen Weisheit;
wir müssen nur hinsehen, hinhören und vertrauen.
Nur wenn wir an uns selbst glauben,
können wir auch an andere glauben.
Erich Fromm

Wir müssen mehr Vertrauen in unsere eigene tiefste Weisheit entwickeln.

Wir glauben oft, daß wir uns selbst vertrauen, aber bei genauerem Hinsehen merken wir, daß wir auf geistige Erkenntnisse, Theorien und Überzeugungen bauen, die von jemand anderem stammen – aus einem Buch, von einem Lehrer oder einem Leitbild. Wer Probleme mit seinem Selbstvertrauen hat, verläßt sich gern auf Wissenschaftler, »Experten«, Hellseher, Orakel, Gurus und andere, die ihm raten und ihn in seinen Ansichten bestätigen können. Wir versuchen überall, uns selbst zu finden, nur nicht im eigenen Innern. Ebenso wie wir manchmal unsere Macht nicht wahrnehmen, können wir auch von unserer inneren Weisheit abrücken und anderswo danach suchen; dann werden wir »Sucher der Wahrheit«, spirituelle Vagabunden, die von einem Lehrer zum anderen reisen, von einem Workshop zum nächsten, begierig auf Informationen, die uns befriedigen oder erfüllen könnten.

Aber wir finden nie Erfüllung, es sei denn, wir entdecken sie in uns selbst – nicht in Form von aufgespeicherten Informationen, sondern als direkten Draht zu der unendlichen Weisheit, die uns allen zur Verfügung steht.

Eine gute Anleitung hat sicher ihren Wert, besonders, wenn sie von wahrhaft Wissenden kommt. Es ist zum Beispiel nicht nötig, sich Tennis selber beizubringen, wenn ein guter Lehrer uns viel Zeit dabei ersparen kann. Doch müssen wir mehr Vertrauen in unsere tiefste Eingebung und Weisheit entwickeln als letzte Quelle und als Prüfstein unserer Entscheidungen.

Das Gesetz des Vertrauens erinnert uns daran, auf den höheren Geist in uns selbst zu bauen und einfach an die Möglichkeit zu glauben, daß wir viel mehr wissen, als uns im Augenblick bewußt ist.

Dieses Gesetz fordert allerdings einiges von uns: Das Vertrauen muß sich auf alle Bereiche erstrecken, bis wir das Walten des göttlichen Geistes auf allen Ebenen erkennen, nicht nur in uns selbst, sondern auch in anderen Menschen und in der ganzen Welt.

Auf den höheren Geist in uns zu vertrauen erfordert keinen Glauben an einen äußeren Gott; vielmehr gehört dazu, auf die dem Universum innewohnende Weisheit und Gesetzmäßigkeit und auf den geheimnisvollen Entwicklungsprozeß unseres Lebens mit all seinen Höhen und Tiefen zu vertrauen – in dem Wissen, daß bei jedem unserer Schritte der Pfad zu unseren Füßen liegt.

Das Gesetz des Vertrauens ruft uns in Erinnerung, daß wir Teil des Mysteriums sind, das wir Gott nennen, und daß dieser wunderbare, mächtige, weise, unsterbliche Geist auch in jedem von uns wohnt.

Wenn wir sagen: »Ich traue mir selbst vollkommen«, beziehen wir uns meistens auf unser bewußtes Ich oder Ego. Diese Art von Selbstvertrauen bringt uns nicht weit, denn das Ego hat nur zu begrenzten Daten Zugang. Erst wenn wir erkennen, daß eine geheimnisvolle Kraft voll unendlicher Weisheit, Geduld und Barmherzigkeit in und durch uns und alle anderen Menschen wirkt, öffnen wir einer neuen Lebenserfahrung Tür und Tor; und wenn wir diese Ebene des Vertrauens dann auch *verwirklichen*, ändert sich unser Leben für immer.

Wir können das Vertrauen immer in unserem Herzen spüren. Aber zuerst müssen wir vom Kopf weg.

Ich benutze den Begriff »höherer« oder »göttlicher Geist« für diese geheimnisvolle Kraft; aber ganz gleich, wie wir sie auch benennen mögen, sobald wir *wahrhaft* dieser höheren Energie, diesem göttlichen Geist, der nach eigenen Gesetzen hinter den Kulissen waltet, vertrauen, können wir auch jenem Teil dieser Energie oder dieses Geistes trauen, den wir als »Ich« oder »die anderen« bezeichnen.

Wir können diese Verbindung und dieses Vertrauen immer in unserem Herzen spüren. Aber zuerst müssen wir vom Kopf weg. Das heißt, wir müssen auf die intuitive Weisheit des Körpers bauen, was Bewegung, Nahrung, Sexualität und Selbstheilung betrifft – den Körper also die Arbeit tun lassen, für die er da ist, ohne ihm ständig mit intellektuellen Theorien und Philosophien dazwischenzufunken. Wahrhaft begründetes Selbstvertrauen muß auf wirklich allen Ebenen unseres Daseins in Erscheinung treten – körperlich, geistig, seelisch und spirituell.

Zusammenfassend läßt sich über das Gesetz des Vertrauens sagen: *Selbstvertrauen entspringt unmittelbarer Erfahrung*, das heißt, wir müssen zuerst unserer eigenen Erfahrung Aufmerksamkeit schenken, nicht den Ratschlägen eines Buches oder eines Lehrers.

Bewegungsimprovisation, Tanz, die Kampfkünste und andere Sportarten sowie das Spielen eines Instruments sind gute Möglichkeiten, Vertrauen in die dem Körper eigenen Fähigkeiten zu entwickeln, sich gedankenlos zu bewegen und seiner eigenen Weisheit zu folgen. Dabei lernen wir, darauf zu vertrauen, daß unser Körper gut ohne irgendwelche Philosophien zurechtkommt; wir erkennen, was unser Körper alles weiß, und können das tun, was nötig ist, indem wir auf ihn hören und uns von ihm leiten lassen.

Wir können erheblich mehr, als wir vielleicht geglaubt haben.

Workshops, die uns über unsere Grenzen hinausführen (wie »Der praktische Weg des friedvollen Kriegers«), zeigen auf drastische Weise, daß wir erheblich mehr können, als wir vielleicht geglaubt haben, wenn wir Vertrauen in unseren Körper setzen und so zu einem tieferen Selbstvertrauen gelangen. Selbst im Alltagsleben begegnen uns Prüfungen, bieten sich uns ähnliche Gelegenheiten, um unsere Verbindung zu den tieferen Schichten des Vertrauens zu entwickeln und auf die Probe zu stellen.

Das Gesetz des Vertrauens lehrt uns ferner, unserem Geist zu trauen, nicht in seiner Eigenschaft als Informationsspeicher, sondern in seiner Fähigkeit, uns Zugang zur höheren Weisheit zu verschaffen. Wir kommen zu der Erkenntnis, daß unser Gehirn nicht nur wie ein Aktenschrank oder ein Computer funktioniert, sondern auch wie ein Radio, das sich auf jeden Sender, jede Frequenz einstellen läßt. Mit anderen Worten: Informationen kommen nicht aus unserem Gehirn, sondern sie kommen *durch* unser Gehirn.

Uns selbst zu vertrauen heißt, unsere Überzeugungen aus dem Weg zu räumen und uns endlich unseren tiefsten Intuitionen zu öffnen. Durch unser Empfinden werden uns aus dem Unterbewußtsein Botschaften übermittelt, die uns helfen können, schneller und umfassender Entscheidungen zu treffen, als es dem Verstand mit seinen ungenügenden Daten möglich ist. Darüber hinaus kann sich das, was wir Intuition nennen, die gleiche universelle Intelligenz zunutze machen, die sich in den spirituellen Gesetzen offenbart.

Wer auf den höheren Geist vertraut, arbeitet unmittelbar mit ihm zusammen; je mehr wir auf uns selbst vertrauen, um so stärker spüren wir eine höhere Ordnung von Weisheit und Liebe, die in jedem Aspekt unseres Lebens wirksam ist. Selbstvertrauen setzt die Bereitwilligkeit voraus, »Fehler« zu machen und zu unserem eigenen Besten daraus zu lernen.

Jede Schwierigkeit ist ein Versuch des universellen Lehrers, uns die Augen zu öffnen.

Wir werden alle vom höheren Geist auf Proben gestellt, aus denen wir etwas lernen können. In jeder Situation, bei

jeder herausfordernden Aufgabe oder Schwierigkeit wirkt der universelle Lehrer durch unsere Lebenserfahrung darauf hin, uns die Augen zu öffnen für den gegenwärtigen Stand unseres Vertrauens, unseres Glaubens und unserer Ausrichtung nach den spirituellen Gesetzen.

Alan Watts hat einmal gesagt: »Hütet euch vor Lehrern, die euch die Taschen leeren und euch dann die eigene Geldbörse verkaufen.« So seltsam es klingt, aber mehr kann kein Lehrer tun, selbst einer mit den lautersten Absichten, denn der Schatz liegt bereits in uns; niemand kann uns irgend etwas geben, das wir nicht schon hätten. Ein Lehrer kann uns lediglich den Schlüssel geben, mit dessen Hilfe wir uns selbst aufschließen können. Lehrer mögen uns zwar Zeit sparen, aber sie können uns nur den Weg weisen; Anfang und Ende der Reise liegen in uns selbst.

Diejenigen unter uns, die Probleme mit dem Selbstvertrauen haben, müssen sich klarmachen, daß sie ihr Leben letztlich selbst in der Hand haben. Indem wir an den höheren Geist in uns selbst glauben, sehen wir denselben Geist auch in unseren Mitmenschen und fühlen uns allmählich sicher in der Welt.

In seinem tiefsten Sinn ruft uns das Gesetz des Vertrauens die transzendente Weisheit des Universums ins Gedächtnis zurück, wie sie in dem christlichen Ausspruch »Gottes Wege sind unerforschlich« zum Ausdruck kommt. Ein solches Vertrauen ist nicht einfach der Glaube, daß schon alles zum Besten kommen wird oder daß die göttliche Gerechtigkeit weiß, warum wir uns das Knie aufgeschürft haben. Vertrauen ist eine unmittelbare Erkenntnis, die auf höherer Weisheit beruht; dazu gehört der Mut, darauf zu bauen, daß alles, was auch geschehen mag, zu unserem höchsten Wohl dient.

Die folgenden Übungen können Ihnen helfen, sich das Gesetz des Vertrauens durch unmittelbare Erfahrung und Anwendung zunutze zu machen.

Die Erfahrung von Vertrauen

1. Können Sie sich an eine bestimmte Zeit erinnern, entweder vor kurzem oder in Ihrer Kindheit, in der Sie innerlich ganz sicher, vertrauensvoll und offen waren, so sicher, daß Sie Ihre Gefühle unverstellt und ohne Angst oder Scham zeigen konnten? (Wenn Ihnen keine solche Zeit einfällt, dann stellen Sie sich lebhaft vor, wie dieses Gefühl sein könnte.)

- Können Sie innerlich sehen oder hören, was damals in Ihrem Leben geschah?
- Wie hat sich dieses Gefühl des Vertrauens und der Offenheit körperlich bemerkbar gemacht?
2. Achten Sie darauf, inwiefern sich dieses Gefühl des Vertrauens und der Offenheit von Ihren normalen Gefühlen im Umgang mit anderen Menschen unterscheidet.
    - Wie wäre es wohl, sich unter Menschen emotional sicher zu fühlen?
    - Was könnten Sie tun, um das Gefühl liebevollen Vertrauens sich selbst und anderen gegenüber wieder aufzufrischen?

Die Anwendung des Gesetzes des Vertrauens

1. Stellen Sie dem Gefühl des Vertrauens und der Offenheit, das Sie sich in der vorigen Übung vergegenwärtigt haben, ein Ereignis aus jüngster oder weiter zurück liegender Zeit gegenüber, das keineswegs Vertrauen bei Ihnen geweckt hat, sondern vielleicht sogar ein Gefühl des Betrogenwerdens.

2. Inwiefern könnten Sie unabsichtlich zum Ablauf dieses Ereignisses – bei dem Ihr Vertrauen enttäuscht oder betrogen wurde oder es Mißverständnisse gab – beigetragen haben, weil Sie nicht gleich Ihre Gefühle klar zum Ausdruck gebracht haben?
3. Behalten Sie das eben Gesagte im Sinn, und vertrauen Sie darauf, daß alle Seiten im Grunde so zusammengewirkt haben, daß es zu Ihrem Besten war oder daß Sie etwas daraus lernen konnten. Spielen Sie das Ereignis mit Ihrem jetzigen Verständnis noch einmal durch, und achten Sie auf die Unterschiede.
4. Werden Sie jeden Tag ein wenig weiter, öffnen Sie sich, riskieren Sie etwas, sprechen Sie aus, was Ihnen auf dem Herzen liegt, und schaffen Sie ein aufrichtiges Vertrauensverhältnis zu anderen, eine Brücke von Seele zu Seele, von Herz zu Herz.

GLAUBE

Der Glaube verbindet uns mit
der Weisheit des Universums.
Er erinnert uns daran, daß wir mehr wissen,
als wir gehört oder gelesen oder studiert haben –
daß wir nur schauen und lauschen müssen
und auf die Liebe und Weisheit
des Allumfassenden Geistes vertrauen,
der in uns allen wirkt.

Als ich erwachte, war die Frau fort. Ich hatte keine Ahnung, ob sie wiederkommen würde. Eilig erhob ich mich, ging hinaus und blickte mich suchend nach ihr um, aber es war keine Spur von ihr zu entdecken, nicht einmal ein Fußabdruck. So verging Minute um Minute, und Zweifel begannen mein Gemüt zu überschatten wie dunkle Wolken. Existierte diese Frau überhaupt, oder war das alles nur ein seltsamer Traum gewesen? Nein, natürlich war es Realität.

Der Glaube fordert die Seele dazu heraus, weiter zu gehen, als sie sehen kann.
William Clarke

Als ich den Wald mit den Augen absuchte, entdeckte ich sie. Sie stand reglos im Morgenschatten neben drei Rehen: einer Ricke mit ihren zwei Kitzen. In diesem Augenblick schien sie selbst eines der Tiere zu sein, ein Reh in menschlicher Gestalt, und ich kam mir vor wie ein Fremdling. Sie drehten sich alle gleichzeitig um und entdeckten mich. Dann verschwanden die Rehe im schützenden Dickicht des Waldes, und die weise Frau kam auf mich zu.

»Ich möchte dir etwas zeigen«, sagte sie und gab mir eine Handvoll der ersten Blaubeeren dieses Frühjahrs. »Die Rehe

fressen sie gern, aber dir werden sie vielleicht zu bitter sein.«
Sie hatte recht; trotzdem stillten die Beeren meinen Hunger und schenkten mir ein Gefühl der Leichtigkeit und Vitalität. Dann begaben wir uns auf unsere morgendliche Wanderung. Wir machten nur Rast, um mit den Händen das kühle Naß aus einem kleinen Wasserfall aufzufangen und zu trinken. Schritt für Schritt folgte ich ihr bis an einen kleinen, grasbewachsenen Hügel, wo viele bunte Blumen wuchsen – rote, gelbe und leuchtendblaue.

»Wenn ich Blüten sehe, die sich im Morgenlicht öffnen, muß ich immer an das Gesetz des Glaubens denken«, sagte die weise Frau.

»Geht es bei diesem Gesetz um Religion?« fragte ich.

»Man muß nicht unbedingt an einen äußeren Gott glauben«, lächelte sie. »Doch wenn man Blumen liebt, wird man zwangsläufig auch Gott lieben; das hat nichts mit Glauben zu tun, sondern mit dem Gefühl ehrfürchtigen Staunens. Das Gesetz des Glaubens lehrt uns, auf die Liebe und Intelligenz zu vertrauen, die der ganzen Schöpfung innewohnt.«

»Also ich kann beim besten Willen nicht behaupten, daß ich jedem traue.«

Die weise Frau lachte. »Glaube hat nichts mit Blindheit zu tun. Es gibt natürlich unehrliche, ja sogar gefährliche

Menschen, und deshalb müssen wir in dieser Welt stark und wachsam sein. Ein arabisches Sprichwort ermahnt uns: ›Vertraue auf Allah, aber binde trotzdem dein Kamel an.‹

> »Glaube ist das Schwierigste überhaupt, einer der größten Sprünge, die der Mensch wagen kann.«

Wenn man nach dem Gesetz des Glaubens lebt, vertraut man nicht einfach nur darauf, daß alle Menschen das Richtige tun. Das Gesetz hat eine höhere, transzendente Bedeutung: Glaube ist die Erkenntnis, daß der Geist in uns allen und durch uns alle wirkt, durch alle Menschen und alle Lebensumstände. Glaube ist auch die Überzeugung von dem höheren Sinn in allem, was uns begegnet, auch wenn er auf den ersten Blick vielleicht nicht erkennbar ist.«

»Ziemlich schwierig, nicht wahr? Vor allem, wenn man gerade ein Unglück erlebt.«

»Glaube ist das Schwierigste überhaupt, es ist einer der größten Sprünge, die der Mensch wagen kann. Denn das einzige, worauf man sich dabei verlassen kann, ist eben der Glaube selbst.«

»Und wie soll ich diesen Sprung schaffen?«

Die weise Frau ließ sich leicht wie ein Blatt auf dem grasbewachsenen Abhang nieder. »Was wäre«, fragte sie mich, »wenn du plötzlich *mit hundertprozentiger Sicherheit* wüßtest, daß durch dich und alle anderen Menschen eine höhere Intelligenz wirkt, die dem höchsten Wohl der Menschheit dient, und daß tatsächlich jede Freude und jedes Leid seinen Sinn hat?«

»Wenn ich das *wirklich wüßte*, wäre manches anders.«

»Das Gesetz des Glaubens *verlangt* nicht von dir, daß du das glaubst, lieber Wanderer, aber es *empfiehlt* dir, so zu leben, *als wenn* es so wäre; mit anderen Worten: Vertrauen zu haben. Wenn du dich von diesem Gesetz leiten läßt, wirst du die Welt ganz anders wahrnehmen und erfahren als bisher. Du wirst aus jeder Schwierigkeit lernen können, und in jeder Herausforderung wirst du neue Erkenntnisse und Chancen entdecken.«

»Willst du damit sagen, daß der Glaube mehr zählt als der Verstand?«

»Das Gesetz des Glaubens zu befolgen ist das Vernünftigste, was du tun kannst, um ein erleuchtetes Leben zu führen.«

Sie lachte, offensichtlich belustigt über meine Bemerkung. »Glaube und Verstand sind keine Gegensätze. Das Gesetz des Glaubens zu befolgen ist so ziemlich das Praktischste, Vernünftigste und Konstruktivste, was du tun kannst, wenn du ein erleuchtetes Leben führen möchtest.«

Sie streckte die Hand aus, berührte ein Blütenblatt und setzte hinzu: »Eine Blüte ist eine der zartesten und verletzlichsten Lebensformen der Natur. Ihr Leben ist kurz und schwach. Schon ein gedankenloser Tritt, ein trockener Winter, ein heftiger Regenguß können das Leben einer zarten Blüte vernichten. Und trotzdem öffnet sie sich jeden Morgen ganz weit. Von den Blumen können wir viel über das Gesetz des Glaubens lernen. Wenn du den Garten des Glaubens in deinem eigenen Leben hegst und pflegst, wirst auch du zu einem ganz neuen Leben heranwachsen, so wie diese Blume.«

Ich blickte hinunter und berührte die Blüte. Sie war so zart, so weich und verletzlich. Zum erstenmal in meinem Leben wurde mir klar, daß ich nicht einmal die Zuversicht einer Blume besaß. Mit ihren nächsten Worten antwortete die weise Frau auf meine innersten Empfindungen. »Glaube ist kein Gegenstand, den man besitzt«, sagte sie. »Glaube ist alles durchdringende göttliche Ordnung, ist das Licht in deinen Augen, die geheimnisvolle, liebende Intelligenz, die vom Zentrum der Schöpfung ausgeht.«

»Und wie kann ich diese Art von Glauben in meinem täglichen Leben erfahren?« fragte ich.

»Zunächst einmal mußt du auf die intuitive Weisheit deines Herzens hören, denn daraus spricht der Geist. Zu viele Menschen verlassen sich auf Bücher, Lehrer, Wissenschaftler oder auf Hellseher und andere Menschen mit angeblich übersinnlichen Fähigkeiten und erhoffen sich Rat oder Anweisungen von ihnen.«

»Aber ich verlasse mich doch auch auf deinen Rat und deine Anweisungen!«

> »Du darfst niemals vergessen, daß der Schatz bereits in dir liegt.«

Es begann zu regnen. Der Regen wurde immer heftiger, bis schließlich ein wahrer Wolkenbruch auf uns niederprasselte. Die weise Frau führte mich unter ein schützendes Dach aus überhängenden Zweigen.

»Lehrer und Bücher haben durchaus ihren Wert«, antwortete sie. »Führung und Inspiration kann in vielerlei Formen in dein Leben treten. Aber du darfst niemals vergessen, daß der Schatz bereits in dir liegt. Niemand kann dir etwas geben, was du nicht schon besitzt; andere Menschen können dir nur den Schlüssel zu deinen eigenen inneren Reichtümern in die Hand drücken. Also höre auf Menschen, die aus Erfahrung sprechen, und nimm ihre Weisheit bereitwillig an. Wäge aber alle äußere Führung stets gegen die Weisheit deines eigenen Herzens ab.«

»Ich habe schon oft auf meine eigene innere Stimme vertraut und doch hinterher feststellen müssen, daß meine Entscheidung falsch war.«

»Ja, manchmal entscheidet man sich für einen Weg, der große Not und Schwierigkeiten mit sich bringt. Aber bedeutet das unbedingt die Unrichtigkeit deiner Entscheidung? Du mußt sie im Lichte deines höchsten Wohls und deines inneren Lernprozesses betrachten!«

»Du hast wohl recht.«

»Glauben heißt, davon auszugehen, daß du stets die richtige Entscheidung triffst.«

»Ich wäre sehr froh, wenn ich so viel Vertrauen zu mir selbst hätte.«

»Selbstvertrauen«, erklärte die weise Frau, »entwickelt sich aus deiner eigenen unmittelbaren Erfahrung; du lernst, darauf zu vertrauen, daß sich die Instinkte deines Körpers, die

Intuition deines Herzens und die Fähigkeit deines Geistes Zugang zur allumfassenden Intelligenz verschaffen.«

Ein leichter Nieselregen kühlte nun meine Stirn. Die weise Frau zeigte auf das Wasser, das aus einer Felsspalte in unserer Nähe strömte und weiter unten als Wasserfall über die Steinblöcke plätscherte. »Es sieht ganz so aus, als ströme das Wasser aus diesem Felsen hervor, nicht wahr?« sagte sie. »Und doch weißt du, daß das Wasser nicht aus den Felsen entspringt, sondern nur durch sie hindurchfließt. Die Quelle liegt weiter oben. Ebenso wie das Wasser strömt auch die höhere Weisheit eigentlich nicht aus deinem Gehirn *hervor*, sondern *durch es hindurch*. Du bist kein Gefäß, das mit Fakten angefüllt wird; du bist eher so etwas wie ein Rundfunkgerät, eingestimmt auf die allumfassende Intelligenz, die in der ganzen Schöpfung wirkt. Du brauchst nur zu lauschen und Vertrauen zu haben.«

»Glaube bedeutet, mit der Ungewißheit zu leben.«

»Wenn ich mir dessen nur genauso sicher sein könnte wie du!« rief ich.

Wieder lächelte die weise Frau. »Glaube bedeutet, mit der Ungewißheit zu leben, lieber Wanderer – dich durchs Leben zu tasten und dich dabei von deinem Herzen leiten zu lassen wie von einer Laterne im Dunkeln. Es gibt keine absolute Gewißheit außer im absoluten Glauben. Das ist keine Garantie für günstige Lebensumstände oder dafür, daß sich jedesmal göttliche Gerechtigkeit auswirkt, wenn du dich verletzt oder wieder gesund wirst. Auf dieser Welt können alle möglichen Dinge passieren, schöne und schreckliche. Nicht immer erkennt unser kleiner Geist die großen Zusammenhänge und begreift, was unserem höchsten Wohl dient. Und so wirst du trotz der Wirren und Ungewißheiten des Lebens überall den Geist am Werk sehen, in jedem Menschen und jedem Ding, sobald du so vertrauensvoll lebst wie eine Blume und darauf baust, daß der Geist einem höheren Willen gehorcht, der über dein geistiges Fassungsvermögen hinausgeht.«

»**Glaube ist auch die Bereitschaft, Fehler zu machen und daraus zu lernen.**«

Ein paar Minuten lang verstummten alle Zweifel in meinem Inneren, während wir eine Anhöhe emporstiegen und dann einen kurvigen Weg bergab einschlugen. Doch dann stieg erneut eine Frage in mir auf. »Und wenn ich zu dieser inneren Weisheit Zugang finde, werde ich dann auch innerlich geführt wie du und mache nicht mehr so viele Fehler?«

Sie lachte. Vor ein paar Wochen bin ich gestolpert und den halben Abhang hinuntergestürzt.«

»Wirklich?«

»Wirklich. Aber als ich auf dem Boden lag, entdeckte ich einen schönen Stein, der mir sonst nicht aufgefallen wäre. Du siehst, Glaube hat nichts damit zu tun, daß man unfehlbar ist und daß immer alles nach Wunsch geht. Glaube ist auch die Bereitschaft, sich zu fordern, Fehler zu machen und daraus zu lernen; mit anderen Worten: auf den Prozeß seines Lebens zu vertrauen. Je mehr du dich in dieser Art und Weise auf den Geist verläßt, um so mehr wird er zu einer lebendigen Kraft in deinem Leben, auf die du unmittelbar zurückgreifen kannst.«

Als die weise Frau zu Ende gesprochen hatte, hörte es auf zu regnen. Wir traten wieder unter dem schützenden Blätterdach hervor ans warme Sonnenlicht, und plötzlich überkamen mich außergewöhnliche Ruhe und großes Wohlbehagen. In diesem Augenblick wußte ich: Trotz aller Herausforderungen und Prüfungen, denen wir Menschen immer wieder ausgesetzt sind, liegt unsere Welt in der Hand des Geistes und entfaltet sich wie eine Blume am Licht.

DAS HERZ ÖFFNEN

Liebe ist Freundschaft, die Feuer gefangen hat.
Sie begegnet uns in Form von ruhigem Verständnis,
Vertrauen, Gemeinsamkeit und Vergebung.
Liebe bleibt in guten und in schlechten Zeiten treu.
Sie erwartet keine Vollkommenheit und hat
Verständnis für menschliche Schwächen.
Wenn du in deinem Leben Liebe hast, kann sie dich für
vieles entschädigen, was dir fehlt.
Wenn du keine Liebe hast, wird alles andere, was du
hast, dir niemals genügen.

Liebe ist vielleicht das am meisten mißbrauchte und mißhandelte Wort unserer Sprache. Es fällt uns nicht schwer, es auszusprechen, aber es ist schwer, Liebe zu praktizieren, weil nur wenige sie *wirklich fühlen*. Meistens lügen wir, wenn wir von Liebe sprechen. Wir belügen sogar uns selbst. Nur wenn unser Bewußtsein schon ständig im *Herzen* weilt und sich über Angst, Kummer und Zorn erhoben hat, können wir die alles durchdringende, mitfühlende, offenherzige Energie der Liebe wirklich spüren und zeigen. Das ist ganz wörtlich gemeint, nicht nur als poetische Metapher.

Wenn wir lernen wollen, unser Herz zu öffnen, müssen wir erst einmal mit unserem Bewußten Selbst kämpfen, diesem einsamen, surrenden Computer, der von Natur aus nicht besonders liebevoll ist. Unser Basis-Selbst kennt Liebe als körperlichen Kontakt, als Berührungen, Zärtlichkeiten, Sex. Es denkt nicht groß über die Liebe nach und stellt keine philosophischen Betrachtungen dazu an. Wegen der Hindernisse, mit denen wir uns ausführlich in den vergangenen Kapiteln beschäftigt haben, können die meisten Menschen die Liebe und Energie ihres Höheren Selbst noch nicht spüren. Doch sobald wir »mit den Augen des Herzens sehen«, sind wir fähig, unsere Mitmenschen zu lieben, und können sogar uns selbst lieben.

Vorher jedoch meinen wir mit den Worten »Ich liebe dich« vielleicht nichts anderes als: Ich empfinde eine Mischung aus sexueller Anziehung und Bewunderung und Ehrfurcht«, oder »Ich empfinde eine innige Zuneigung zu dir«, oder »Ich habe das Gefühl, dich zu brauchen. Wenn ich mit dir zusammen bin, fühle ich mich vollkommener.«

> **Zur Liebe gehört auch das tägliche Auf und Ab der Ärgernisse, Probleme und Kompromisse, die kleinen Enttäuschungen, die großen Siege und die gemeinsamen Ziele.**

Wir lieben unseren Partner, unsere Kinder und unsere Eltern auf verschiedene Art und Weise. Diese Liebe unterscheidet sich in ihrer Art und ihrem Grad wiederum von der Liebe, die wir unseren Geschwistern, Vettern, Kusinen, Enkeln, entfernteren Verwandten, Freunden und Kollegen und der Menschheit insgesamt entgegenbringen.

Die Gefühle, die wir für eine bestimmte Person haben und als »Liebe« identifizieren, können sich im Lauf der Zeit ändern. Wie viele wunderschöne Hochzeitszeremonien und Schwüre ewiger Liebe enden mit Groll, Zorn, Kummer, ja sogar Angst voreinander? Was ist aus der Liebe geworden?

Vielleicht hat sie nur kurze Zeit gehalten. Vielleicht haben wir einen Menschen gefunden, dessen gesamte Persönlichkeit – sein Aussehen, sein Charakter, seine Eigenschaften – uns irgendwie für kurze Zeit ins Herz emporgehoben hat, so lange, bis die Hindernisse unter unserem Herzen uns wieder hinabzogen. Wenn wir uns »entlieben«, hat das meist weniger mit unserem Partner zu tun als mit uns selbst, mit unseren eigenen Problemen. Oft suchen wir dann nach einem anderen Menschen, der uns wieder in diesen erhabenen Zustand versetzen soll. Doch das alte Muster des inneren Rückzugs und der Selbstschutzmaßnahmen wiederholt sich immer wieder aufs neue.

Es wird sehr viel über die Liebe geredet: »Liebe deinen Nächsten wie dich selbst.« – »Wenn du liebst, kannst du alles erreichen.« – »Liebe ist der Weg.« und so weiter. Das sind hohe Ideale, aber wie sollen wir sie ins tägliche Leben umsetzen? Wie können wir unsere Liebe mitten im Alltag auf mühelose, anmutige, natürliche Weise zeigen?

Kleine Dinge

Was du tust, erscheint vielleicht nicht wichtig; aber es ist sehr wichtig, daß du es tust.
Mahatma Gandhi

In den Augen der Welt gelten manche Dinge sehr viel (zum Beispiel ein eigenes Haus, zwei Autos und Geld auf der Bank), doch in den Augen des Geistes fallen sie nicht sonderlich ins Gewicht – nicht, weil daran etwas auszusetzen wäre, sondern weil das nur weltliche Dinge sind, die bald wieder zu Staub und Asche zerfallen.

Es gibt kleine Dinge, die in den Augen des Geistes sehr viel zählen, einfache Handlungen, aus denen Altruismus, Rücksichtnahme, Liebe und Güte sprechen. Der Welt fallen diese Dinge vielleicht nicht auf, doch wenn wir eines Tages auf unser Leben zurückblicken, dann strahlen sie hell wie ein Leuchtfeuer. Diese kleinen Dinge lassen sich am besten an ein paar Beispielen veranschaulichen.

Vor ein paar Jahren aß ich mit meiner Familie in einem Restaurant, in dem wir schon oft gewesen waren. An diesem Abend bediente uns eine neue Kellnerin, die wirklich viel zu tun hatte. Wir erfuhren, daß heute erst ihr zweiter Tag war, und einer der Köche war krank. Das Restaurant war voll, und sie war nahe daran, die Nerven zu verlieren. Wir gaben unsere Bestellung auf. Versehentlich brachte sie uns ein Gericht, das wir nicht bestellt hatten. Sie entschuldigte sich, strich sich das Haar aus der Stirn und hastete mit dem Teller in die Küche zurück. Sie war nicht gerade übermäßig liebenswürdig, aber sie hielt sich tapfer.

Nach dem Essen ließ ich ein sehr großzügiges Trinkgeld auf dem Tisch liegen, damit sie den Zettel nicht übersah, den ich ihr geschrieben hatte. Denn ich begnüge mich nicht gern mit leeren Worten. Auf den Zettel hatte ich geschrieben: »Sie hatten es heute abend nicht leicht, aber wir haben gemerkt, daß Sie sich wirklich Mühe gaben und Ihr Bestes getan haben. Wir möchten Ihnen hiermit sagen, daß wir das zu schätzen wissen.« Wer je irgendwo bedient hat, der wird wissen, was ein solcher Brief an einem hektischen Abend bedeuten kann.

Mittlerweile lasse ich oft Zettel mit anerkennenden Worten auf dem Tisch liegen, wenn ich mit meiner Familie essen gehe. Ich habe auch festgestellt, daß man mit solchen kleinen Nachrichten Briefträgern und anderen Leuten, deren Arbeit häufig nicht gebührend gewürdigt wird, eine Freude machen kann.

Ich warte nicht, um zu sehen, ob die betreffende Person meine Nachricht auch findet, doch einige Male kam ein Kellner oder eine Kellnerin zu mir an die Kasse, als ich die Rechnung bezahlte. Eine Kellnerin erzählte mir, sie sei an diesem Abend sehr entmutigt und drauf und dran gewesen zu kündigen. Sie hatte Tränen in den Augen und war ganz offensichtlich sehr gerührt. Und das alles nur wegen ein paar schlichter Zeilen!

Liebe ist zufrieden mit dem jetzigen Augenblick; sie hofft auf die Zukunft; sie grübelt nicht über die Vergangenheit nach.

Wenn ich über die Golden Gate Bridge oder andere gebührenpflichtige Brücken fahre, zahle ich immer die Gebühren für den Autofahrer hinter mir mit. Ich wünsche dem Bediensteten an der Mautschranke einen schönen Tag und bitte ihn, meinem Hintermann in meinem Namen das gleiche zu wünschen.

Für mich ist ein Fremder ein Freund, den ich noch nicht kennengelernt habe. Wenn der Autofahrer hinter mir erfährt, daß ein *Fremder* die Gebühren für ihn bezahlt hat, nickt er vielleicht das nächste Mal auch einem Fremden freundlich zu oder fängt ein Gespräch mit ihm an. Wer weiß, vielleicht ist er sogar so begeistert, daß er bei der nächsten Gelegenheit ebenfalls die Gebühr für jemand anderen mitbezahlt, *einfach weil es ihm Freude macht.*

Wenn wir gerade knapp bei Kasse sind oder in einer Gegend wohnen, in der es keine gebührenpflichtigen Brücken gibt, können wir zum Beispiel Geld in abgelaufene Parkuhren stecken. Vielleicht verhelfen wir den Autobesitzern damit zu einem schöneren Tag, als wenn sie wiederkämen und einen Strafzettel unter ihrem Scheibenwischer fänden. Damit sagen wir: »Wir sitzen alle im selben Boot. Vielleicht steckst du das nächste Mal ein paar Münzen in *meine* abgelaufene Parkuhr« (aber ohne das zu erwarten).

<blockquote style="color:orange">
Es spielt keine Rolle, wieviel wir geben.
Unser Höheres Selbst zählt nicht nach.
</blockquote>

Geld selbst ist nur ein Tauschmittel – bedrucktes Papier und geprägtes Metall. Doch wenn wir Geld *anonym* verschenken, ohne Bedingungen daran zu knüpfen und ohne Aufmersamkeit oder Anerkennung dafür zu erwarten, wenn wir unser Geld selbstlos mit anderen Menschen teilen, dann schenken wir ihnen etwas von unserer Energie, unserer Zeit, unserer Mühe, unserer Liebe und unserem Leben. Es spielt dabei keine Rolle, wieviel es ist. Unser Höheres Selbst und unser Basis-Selbst zählen nicht nach. Sie registrieren nur unser liebevolles Opfer.

Spenden an Menschen oder Organisationen, die wir schätzen, oder ein paar Dollar direkt an einen Bedürftigen verschaffen uns ein Gefühl des Überflusses. Wir hinterlassen damit auch einen stärkeren Eindruck beim Basis-Selbst der anderen Menschen, weil wir ihnen ein greifbareres Symbol unserer Liebe und Zuwendung geben als bloß leere Worte. Wir tun dann tatsächlich etwas, statt nur zu reden.

Indem wir anderen unsere Zeit und Aufmerksamkeit schenken, verschenken wir uns selbst.

Oft hat man das Gefühl, sehr beschäftigt zu sein und keine Zeit »verschwenden« zu können (sprich: keine Zeit auf etwas zu verwenden, was man nicht für wichtig hält). Ich habe mich schon häufig dabei ertappt, wie ich meinen Töchtern sagte, ich hätte jetzt keine Zeit, ein paar Minuten mit ihnen zu spielen. Doch kurze Zeit später rief ein Freund an, und ich unterhielt mich eine Viertelstunde lang mit ihm über etwas, was ich für wichtig hielt.

Indem wir einem anderen Menschen unsere Zeit und Aufmerksamkeit schenken, verschenken wir uns selbst. Wir sagen ihm damit: »Du und deine Bedürfnisse sind mir wichtig.« In letzter Zeit habe ich begriffen, daß meine Kinder schon Verständnis dafür haben, wenn ich beschäftigt bin. Oft möchten sie nur, daß ich mir eine oder zwei Minuten lang Zeit für sie nehme, damit sie mir etwas erzählen oder ganz einfach bei mir sein können. Statt zu bereuen, daß ich ihnen das früher so oft abgeschlagen habe, habe ich mich entschlossen, meine Prioritäten künftig anders zu setzen. Braucht ein Mensch, der mir nahesteht, etwas von meiner Zeit, dann widme ich ihm eben diese Zeit.

Diese kleinen Dinge machen einen wichtigen Teil meiner spirituellen Arbeit aus. Sie gehören zu meinem Training als Krieger in der Arena des täglichen Lebens. Aus ihnen habe ich gelernt, daß jeder Augenblick eine Chance ist, etwas Positives zu bewirken.

Liebe ist kein Dauerzustand

Genau wie das Glück ist die Liebe ein Zustand, den man immer nur für Augenblicke empfinden kann.

Versucht man, ständig glücklich zu sein und zu lieben, ist das, als wolle man nur ein einziges Mal essen und danach für immer satt sein. Unser Bewußtsein geht im einen Augenblick vom Herzen aus und ist im nächsten Moment in unterschwelligen Gefühlen von Angst, Kummer oder Zorn gefangen. Indem wir bewußt bleiben, werden wir fähig, diese Hindernisse immer wieder von neuem beiseite zu räumen, sie als Teil unseres Entwicklungsprozesses zu erkennen, zu akzeptieren und dann mit Hilfe der hier beschriebenen Methoden über sie hinauszuwachsen.

Durch das Öffnen des Herzens setzt ein tiefer, grundlegender Heilungsprozeß für die gesamte Psyche ein. Wenn das Bewußtsein im Herzen weilt, spüren wir ein Glück, das unsere Sorgen, Ängste, Gewissensbisse, unsere Wut und alle anderen Probleme überwindet, die uns vorher bedrückt haben. Selbst wenn sich an unserem äußeren Leben gar nichts ändert, unser inneres Leben wandelt sich von einer Sekunde zur anderen.

Mit einem geöffneten Herzen befinden wir uns auf der höchsten Ebene emotionaler Gesundheit. In dieser liebevollen inneren Verfassung helfen wir anderen Menschen nicht mehr aus Pflichtgefühl. Der Dienst an anderen bereitet uns nun uneingeschränkte Freude. Wir lieben, ohne uns Gedanken darüber zu machen, ob unsere Gefühle erwidert werden. Die Praktiken, die ich hier beschreibe, lassen sich leicht ins tägliche Leben integrieren. Sie erfordern nur bewußte Aufmerksamkeit und einen bewußten Vorsatz: Ehe wir lieben können, müssen wir erst einmal lieben *wollen*. Doch die Liebe ist immer in unserer unmittelbaren Reichweite, sie ist uns so nahe wie unser eigenes Herz.

Eine Verbindung zwischen Herz und Sinnen herzustellen ist die einfachste Methode, unser Herz zu öffnen.

Das physische Herz ist der stärkste Muskel, den wir besitzen. Es fungiert auch als Zentrum der Gefühlsdimension. Wie jeder Muskel wird auch das Herz stärker, je mehr man es gebraucht. *Eine Gefühlsverbindung zwischen Herz und Stimme, Gedanken, Tastsinn, Gesichtssinn und Gehör herzustellen ist die einfachste und sicherste Methode, unser Herz zu öffnen.* Diese Gefühlsverbindung schaffen wir, indem wir das Herz vom Bewußtsein durchdringen lassen. In dem Augenblick, in dem diese Verbindung entsteht, bekommen wir Kontakt zur Liebe unseres Höheren Selbst, wir überwinden Angst, Kummer, Wut und Zorn und wirken heilend auf uns und andere.

Das Schöne an diesem Vorgang ist seine Einfachheit. Es gibt fünf Methoden, mit denen man jederzeit und an jedem Ort sein Herz öffnen kann, ohne daß die Umgebung es weiß; doch sie wird es *spüren*. Dabei richtet man die Aufmerksamkeit nicht *auf* das Herz, sondern man sieht und berührt seine Mitmenschen und die Welt *vom* Herzen aus.

Spüren Sie Ihr Herz

1. Richten Sie Ihre Aufmerksamkeit auf Nase, Ohren, Füße oder Hände. Um sich die Konzentration zu erleichtern, können Sie diesen Körperteil bewegen und berühren. Dann hören Sie wieder auf, ihn zu bewegen, ziehen die Hand weg, und bleiben mit Ihrer Aufmerksamkeit dort, bis Ihnen dieser Körperteil bewußter ist als jeder andere.

2. Jetzt richten Sie die Aufmerksamkeit auf Ihr Herz, indem Sie die rechte Hand darauf legen. Vielleicht hat Ihre Aufmerksamkeit nun eine Qualität, die Sie vorher bei dem anderen Körperteil, den Sie berührten, nicht gespürt haben, etwas *Fühlendes.*
3. Nehmen Sie nun die Hand wieder weg, und *spüren Sie Ihr Herz nur* noch. Atmen Sie, entspannen Sie sich, und registrieren Sie alle Empfindungen, die in Ihnen aufsteigen. Dieses Fühlen Ihres Herzens ist eine der tiefsten, intensivsten und doch einfachsten spirituellen Praktiken der Liebe.

Nachdem wir unser Herz gefühlt haben, können wir die erste Methode üben, mit der man sein Herz mitten im Alltag öffnen kann. Ich nenne sie »Resonanz der Herzen«.

Wenn wir aus dem Herzen heraus sprechen, reagiert das Herz unseres Gegenübers.

Wenn man zwei Gitarren nebeneinanderstellt und bei der einen die E-Saite zupft, beginnt auch die E-Saite der anderen Gitarre zu vibrieren. Dieses Prinzip bezeichnet man als Sympathieschwingung. Dieses akustische Phänomen funktioniert auch bei der menschlichen Stimme: *Wenn wir aus unserem Verstand heraus sprechen, reagiert der Verstand unseres Gegenübers; wenn wir aus dem Herzen heraus sprechen, reagiert das Herz unseres Gegenübers.*

Manchmal entscheidet man sich bewußt dazu, aus dem Verstand heraus zu sprechen, zum Beispiel beim Erklären einer Mathematikaufgabe. Um den Unterschied zwischen diesen beiden Sprechweisen zu veranschaulichen, möchte ich ein kleines Erlebnis schildern: Vor ein paar Jahren schaute ich vor dem Schlafengehen noch nach meiner kleinen Tochter. Während ich sie zudeckte, blickte ich auf sie herab und spürte, wie sehr ich sie liebte. Ich hatte den Wunsch, ihr das zu sagen, aber ich wollte sie nicht wecken. Ich nahm mir aber vor, es ihr morgen zu sagen.

Am nächsten Tag fiel mir mein Vorsatz wieder ein, und ich erzählte meiner Tochter, daß ich sie liebte. Sie hörte meine Worte, aber blieb unbeeindruckt. Sie spürte die Liebe nicht, denn in diesem Augenblick war mein Bewußtsein nicht in meinem Herzen wie am Abend zuvor. Meine Aufmerksamkeit befand sich in meinem Kopf. Ich *erinnerte* mich daran, was ich ihr hatte sagen wollen.

Heute brauche ich nicht einmal mehr zu sagen: »Ich liebe dich«, obwohl ich das immer noch tue. Ich brauche nur zu fragen: »Wie war es in der Schule?« oder zu loben: »Du hast aber heute etwas Schönes an«, denn ich spreche aus dem Herzen heraus, und deshalb spüren die Kinder meine Liebe. Selbst die einfachsten Worte, die aus dem Herzen kommen, reichen weiter und tiefer als das kunstvollste Gedicht, das dem Verstand entspringt.

Wenn wir aus dem Herzen sprechen, können wir sogar Dinge sagen wie »Ich habe Schmerzen« oder »Ich möchte, daß du dich anders verhältst«, ohne daß bei unserem Gegenüber eine feindselige Stimmung aufkommt.

Wie man aus dem Herzen heraus spricht

Üben Sie einmal, aus Ihrem Herzen heraus zu sprechen – zu einem Freund oder einem Feind, einem Menschen in Ihrer Nähe oder in der Ferne. Ob dieser Mensch da ist oder nicht, die Methode bleibt die gleiche:
1. Fühlen Sie Ihr Herz und die Liebe darin.
2. *Bewahren* Sie sich dieses Herzensgefühl, und sagen Sie dabei in ganz normalem Ton das, was Ihnen angemessen erscheint. Das Gefühl zählt mehr als die Worte.

Das können wir zum Beispiel dann praktizieren, wenn wir jemanden motivieren möchten. Nehmen wir einmal an, wir kommen in die Bank, kurz bevor sie schließt, und haben dort noch etwas zu erledigen, was ziemlich lange dauert. Die Bankangestellte sieht erschöpft und müde aus. Sie wirft einen Blick auf die Uhr und seufzt. Statt jetzt die Defensive zu ergreifen, bemerken wir vielleicht, daß sie ein hübsches Halstuch trägt. Wir gehen in unser Herz und sagen ihr etwas Persönliches, wie zum Beispiel: »Das Halstuch steht Ihnen aber gut.«

Ein solches Kompliment ist eine freundliche Geste der Aufmerksamkeit. Wir machen solche Gesten ständig aus den verschiedensten Motiven. Doch in diesem Fall ist unser offenes Herz der Schlüssel zum Herzen der Bankangestellten (oder irgendeines anderen Menschen). Solch eine Geste menschlicher Güte bewirkt eine kleine, aber wichtige Veränderung bei den Mitmenschen, mit deren Leben wir in Berührung kommen. Auch hier liegt der Schlüssel zum Erfolg darin, nicht nur den Mund, sondern auch das Herz zu öffnen.

Mit so etwas Einfachem, einer solchen Kleinigkeit, bewirken wir auch etwas bei uns selbst. Denn in dem Augenblick, in dem wir aus dem Herzen heraus sprechen, werden wir mit ziemlicher Sicherheit spüren, daß wir alle Ängste, allen Kummer und allen Zorn überwunden haben, die uns vielleicht vorher bedrückten.

> **Durch innerliche Segnung können wir Menschen in eine bessere Stimmung versetzen – ohne etwas zu sagen.**

Manchmal kann man etwas nicht laut sagen, weil derjenige, für den unsere Worte bestimmt sind, nicht da ist, krank ist, im Koma liegt, gerade beschäftigt oder wütend auf uns ist, so daß wir mit jedem Wort nur noch Öl ins Feuer gießen würden. Dann können wir diesen Menschen ganz einfach *innerlich* segnen.

Das ist ein ganz einfacher Vorgang: Wir nehmen Kontakt zu unserem Herzen auf und sagen *innerlich* (nicht laut): »*Ich wünsche dir alles Gute*« oder so etwas Ähnliches. Solche inneren Worte können dazu beitragen, aufgebrachte Menschen zu besänftigen, und wir können Leute in unserer Umgebung, zum Beispiel den Busfahrer oder den Angestellten am Schalter, damit in eine bessere Stimmung versetzen, ohne etwas zu sagen, was vielleicht einen seltsamen Eindruck machen würde.

Ich hatte gerade begonnen, das innere Sprechen zu üben, als Joy einen Wutanfall bekam. Sie war wütend auf mich, weil ich zu spät nach Hause gekommen war und sie dringend das Auto brauchte. Ohne mich zu entschuldigen, ermahnte ich sie: »Achte auf deine Atmung« und brachte sie damit erst recht in Weißglut. Während Joy weiterschimpfte, erinnerte ich mich an die Übung, sich in sein Herz einzufühlen. Innerlich sagte ich zu ihr: »Ich wünsche dir alles Gute, ich liebe dich, Gott segne dich.« Zu meiner Überraschung und Freude hielt Joy daraufhin in ihrem Redeschwall inne. Sie lächelte und fragte: »Was machst du denn da?« Ihr Zorn und meine Angst waren wie weggeblasen. Zwar bewirkt man mit solchen inneren Worten nicht immer so eine dramatische Veränderung, aber sie setzen stets einen Heilungsprozeß in Gang.

Ich genieße das innere Sprechen, weil es wie eine unterschwellige spirituelle Bewegung ist. Man kann herumlaufen und Menschen segnen, Samen der Liebe in ihr Energiefeld einpflanzen und bewirken, daß sie sich glücklicher fühlen, nur weil sie in unserer Nähe waren. Ich hoffe, auch mit diesem Buch solche Samen in die Herzen zu legen, damit viele Menschen zu »heimlichen spirituellen Heilern« werden. Mit kleinen Dingen kann man viel bewirken.

Die innere Kommunikation funktioniert mit einem Menschen auf der anderen Seite der Welt genauso wie mit jemandem, der in der anderen Ecke des Zimmers sitzt. Sie funktioniert mit Freunden wie mit Feinden. Bei Feinden oder bei Leuten, die uns ärgern, kann sie sogar besonders *wirkungsvoll* sein. Wir müssen nicht unbedingt eine tiefe Liebe zu der Person empfinden, die wir »segnen«. Auf einer Autobahnauffahrt raste einmal ein Mann in einem frisierten Auto an mir vorbei. Wahrscheinlich hatte er das Gefühl, daß ich zu langsam fuhr. Jedenfalls machte er eine »unanständige« Geste, als er mich überholte. Dann an der Einfahrt, als sich die Spur verengte, hätte er mich beinahe noch geschnitten, und ich mußte nach rechts ausweichen.

> **»Das ist ein Mensch wie ich. Jemand, der leidet, so wie auch ich schon gelitten habe.«**

Meine erste Regung war Zorn – eine natürliche Reaktion –, aber dann erinnerte ich mich an meine Übung und fühlte mein Herz. In diesem Augenblick wurde mir klar: »Das ist ein Mensch wie ich. Jemand, der leidet, so wie auch ich schon gelitten habe; jemand, der genau wie ich eines Tages Menschen verlieren wird, die er liebt. Dies ist einer meiner

Klassenkameraden auf diesem Planeten, der heute einen schlechten Tag hat.«

Diese Gedanken schossen mir in Sekundenschnelle durch den Kopf. Danach konnte ich aufrichtig Kontakt zu meinem Herzen aufnehmen und zu dem Mann sagen: »Ich wünsche dir alles Gute, Gott segne dich.« Ich brauchte meinen Ärger nicht zu unterdrücken oder zu verleugnen, ich wuchs über ihn hinaus. Denn wenn wir unser Herz spüren, erheben wir uns über unsere emotionalen Verkrampfungen.

Praktiziere diese ganz einfache Übung bei nächster Gelegenheit einmal. Suche dir für deinen Segen so viele Menschen aus, wie du willst, aber immer jeweils nur einen – einen Freund, einen Vertrauten, Vater oder Mutter, einen Fremden oder auch einen Gegner (ein Exehepartner eignet sich sehr gut).

Ein innerer Segen

1. Sehen Sie den Menschen, den Sie segnen möchten, vor Ihrem geistigen Auge (wenn er körperlich nicht anwesend sein sollte).

2. Denken Sie an die Worte: »Das ist ein Mensch wie ich ...«, und fühlen Sie Ihr Herz.
3. Während Sie den Menschen anschauen (oder vor Ihrem geistigen Auge sehen), sagen Sie innerlich aus dem Herzen heraus: Ich wünsche dir/Ihnen alles Gute.«
4. Lassen Sie allen Empfindungen, die in Ihnen aufsteigen, freien Lauf.

Genießen Sie die Überraschung, wenn Leute, zu denen Sie auf diese Weise Kontakt aufnehmen, sich kurz darauf plötzlich »aus heiterem Himmel« melden und sagen, daß sie gerade an Sie gedacht haben, oder Ihnen irgendein anderes Zeichen eines Kontakts oder einer Versöhnung geben. Selbst wenn nichts Erkennbares passiert, wissen Sie, daß Sie einen echten Akt der Liebe und Güte begangen haben. Durch solche inneren Worte können auch der Geist und die Wirksamkeit jeder freiwilligen Arbeit und jedes Dienstes erhöht werden. Man kann das innere Sprechen und das Sprechen aus dem Herzen heraus jederzeit praktizieren – zu Hause oder bei der Arbeit. Jeder braucht Liebe und Güte, und jeder kann auch Liebe und Güte geben.^

Unsere spirituellen Sinne

Durch die Verbindung unserer drei wichtigsten Sinne – Gesichtssinn, Tastsinn und Gehör – mit unserem Herzen öffnen wir Kanäle vom Herzen zu unserem Höheren Selbst hin. Kaum merkliche, aber wunderbare Dinge geschehen dann.

Der Tastsinn ist unser erster und wichtigster Sinn, denn durch ihn stellen wir körperlichen Kontakt her. Junge Tiere, die niemand berührt, werden häufig depressiv, verweigern die Nahrung und sterben. Das kann auch mit Menschen passieren (unser Basis-Selbst hat, genau wie die Kinder, viele Eigenschaften mit Tieren gemeinsam).

Der Händedruck und andere von der Gesellschaft akzeptierte Formen des Hautkontaktes rühren aus diesem Grundbedürfnis her. Unsere Basis-Selbste öffnen sich dabei füreinander auf eine Weise, die sich mit Worten nicht fassen läßt. Wir alle brauchen persönlichen Freiraum, und er steht uns auch zu, doch durch körperlichen Kontakt können wir andere Menschen viel besser »erreichen« als mit Worten. Wenn man aus dem Herzen heraus spricht und sein Gegenüber gleichzeitig auch noch herzlich berührt, verdoppelt sich die Wirkung.

Manchmal sind Berührungen angemessen, manchmal sind sie weniger angebracht. (Übe deinen spirituellen Tastsinn niemals an einem Fremden in einem leeren U-Bahnabteil!) Doch im richtigen Augenblick kann schon eine leichte Berührung am Arm, kombiniert mit einem Gefühl aus dem Herzen heraus, unser Basis-Selbst daran erinnern, daß es auf dieser Welt Liebe, Zuwendung und Geborgenheit gibt.

Wie man das Herz berührt

1. Fühlen Sie einfach Ihr Herz.
2. Berühren Sie einen anderen Menschen in angemessener Form – klopfen Sie ihm beispielsweise leicht auf die Schulter, oder berühren Sie ihn sanft am Arm.
3. Wenn Sie diese spirituelle Berührung mit inneren Worten oder mit Sprechen vom Herzen her kombinieren, verstärkt sich die Wirkung von beidem.

Wir alle wissen unser Augenlicht zu schätzen. Doch manchmal vergessen wir, daß wir mit unseren Augen nicht nur hinausschauen, sondern daß sie auch etwas empfangen.

Wir sehen nicht nur in die Welt hinaus, es sehen auch andere in uns hinein, wenn wir es zulassen. Die Augen werden zu Recht als »Fenster der Seele« bezeichnet. Leider öffnen die meisten Menschen ihre Augen gar nicht richtig, und die Augenumgebung zeigt oft Spuren des Stresses und der inneren Anspannung.

Spirituelles Sehen bedeutet, unser Herz zu spüren und es *andere durch unsere Augen »sehen« zu lassen.* Mit anderen Worten, indem unsere Augen offen, entspannt und rezeptiv sind, lassen wir unsere Mitmenschen die Liebe sehen, die wir für sie als menschliche Wesen empfinden.

Bei dieser Übung projizieren wir nichts durch die Augen hinaus. Wir lassen die anderen einfach *hineinsehen* und bleiben uns dabei unseres Herzens bewußt. Selbst wenn der Blickkontakt nicht länger dauert als den Bruchteil einer Sekunde, ist die Botschaft des Herzens doch vorhanden. Und in dem Augenblick, in dem wir jemandem einen Einblick in unser Herz durch unsere Augen gewähren, findet eine innere Gesundung statt.

Spirituelles Sehen

1. Stellen Sie bei nächster Gelegenheit einmal Blickkontakt zu jemand in Ihrer Nähe her. Vielleicht haben Sie das schon oft getan, obwohl es viele eher vermeiden, einander direkt in die Augen zu sehen.
2. Spüren Sie Ihr Herz, und bleiben Sie sich Ihres Herzens bewußt, während Sie mit den Augen Kontakt zu den Augen Ihres Gegenübers herstellen.
3. Haben Sie, während Ihr Gegenüber Ihnen in die Augen schaut, das Gefühl, als seien Ihre Augen empfänglich und aufnahmefähig. Spüren Sie dabei weiterhin Ihr Herz.

Epiktet, ein griechischer Weiser, mahnte: »Die Natur hat uns nur eine Zunge, aber zwei Ohren geschenkt, damit wir doppelt soviel von anderen Menschen hören können, wie wir selbst sprechen.« Oft denkt man nämlich beim Zuhören zwischendurch an etwas ganz anderes oder überlegt sich irgend etwas Hilfreiches, was man seinem Gegenüber sagen könnte. Das passiert selbst einem guten Zuhörer.

Beim spirituellen Hören konzentrieren wir uns nicht auf unseren Verstand oder denken darüber nach, was wir als nächstes sagen sollen, sondern unser Bewußtsein ruht im Herzen, und wir stellen eine Verbindung zwischen diesem Herzensgefühl und unseren Ohren her. Die Ohren sind genauso empfänglich und aufnahmebereit wie unser Herz, und *durch bloßes Zuhören* können wir Wunder bewirken.

Da die Basis-Selbste aller Menschen miteinander in Verbindung stehen und unser Höheres Selbst *durch* unser Basis-Selbst mit uns kommuniziert – über Gefühle und Intuitionen –, sollten wir mit dem Herzen zuhören, wenn uns jemand seine Probleme schildert. Selbst wenn wir gar nichts dazu sagen, wird dem anderen dann oft die gleiche »Lösung« einfallen, die wir ihm vorgeschlagen hätten.

Aus dem Herzen heraus zuhören

1. Das nächste Mal, wenn jemand mit Ihnen spricht – vor allem Ihre Kinder oder eine andere Ihnen nahestehende Person –, achten Sie darauf, ob Ihre Gedanken abschweifen oder ob Sie nur mechanisch zuhören und

gedanklich schon vorwegnehmen, was Ihr Gegenüber Ihrer Meinung nach sagen will, und sich bereits eine Antwort zurechtlegen.
2. *Hören Sie auf zu denken.*
3. Hören Sie einfach zu, *fühlen* Sie, und schenken Sie diesem Menschen Ihre ganze Aufmerksamkeit, als ob Sie jede Menge Zeit hätten. Betrachten Sie das, was dieser Mensch sagt, als etwas ungeheuer Wichtiges.

> Schon durch aufmerksames Zuhören
> lindern wir Schmerzen und Leiden.
> **Buddhistische Weisheit**

Bewußtes gütiges Handeln – dieser täuschend einfache Weg, das Herz zu öffnen, die Emotionen zu heilen und mit dem Höheren Selbst in Verbindung zu treten – sendet Wellen der Liebe und Fürsorge aus, die immer größer werden und sich auf die ganze Welt der zwischenmenschlichen Beziehungen ausweiten.

Doch wie bei jedem Werkzeug und jeder Methode ist auch hier leicht Mißbrauch möglich. Unser Bewußtes Selbst neigt dazu, alle Informationen aufzunehmen, die ihm begegnen, sie fein säuberlich in Schubladen zu stecken und als mentale

Technik einzusetzen, um ganz bestimmte Resultate zu erzielen. Wer den Pfad des friedvollen Kriegers gehen will, muß seinen Verstand dem Herzen unterordnen und auf solche Möglichkeiten verzichten.

Vertreter mit wenig moralischem Empfinden, die nicht das Beste für ihren Kunden im Sinn haben, sondern einfach nur einen Abschluß tätigen wollen, bedienen sich manchmal der Techniken des körperlichen Kontakts, des aufmerksamen Zuhörens oder des intensiven Blickkontakts. Geht es dabei um Versicherungen oder um Fragen, die das persönliche »Überleben« betreffen, wie Gesundheits- und Altersvorsorge oder Geldanlagen, und versuchen sie, uns mit diesen Methoden in die gewünschte Richtung zu manipulieren, wird unser Basis-Selbst sehr rasch hellhörig werden und uns zu verstehen geben, daß hier das Herz fehlt.

Andererseits ist einer der spirituell fortgeschrittensten Menschen, die ich kenne, von Beruf Versicherungsvertreter, Finanzberater und Börsenmakler. Lew setzt bei jedem Kunden alle seine spirituellen Sinne ein, einfach weil es ihm Freude macht, Menschen in eine bessere Stimmung zu bringen. Seine Arbeit erscheint ihm dann schöner und sinnvoller. Für Lew ist sein Beruf nur eine Ausrede, mit Menschen in Kontakt zu kommen. Wenn er seine Kunden wieder verläßt, fühlen sie sich wohler als vorher – egal, ob sie mit ihm ins Geschäft gekommen sind oder nicht. Für mich ist Lew ein als Versicherungsvertreter verkleideter spiritueller Heiler.

Ärzte, Anwälte, Bäcker, Sekretärinnen, Menschen aus allen Gesellschaftsschichten und Berufen können neue Dimensionen und Möglichkeiten erforschen, indem sie mitten im Alltag ihr Herz und das Herz ihrer Mitmenschen öffnen. Dann werden sie, genau wie Lew, nie auf die Idee kommen, ihre Arbeit sei nicht »sinnvoll« genug.

Das »Gib-was-du-brauchst-Prinzip«

Jeder Mensch hat das gleiche grundlegende Bedürfnis, geliebt, verstanden und anerkannt zu werden.

Alles, was wir tun, haben oder anstreben – Kleidung, Benehmen, Freizeit, Beruf, Vermögen, Auto, Wohnung und viele andere Entscheidungen, die wir getroffen haben –, hängt mit dem universalen Bedürfnis zusammen, geliebt, verstanden und anerkannt zu werden.

Und doch haben wir trotz all unserer Bemühungen das Gefühl, daß dieses Bedürfnis nach Liebe, Verständnis und Anerkennung selten erfüllt wird. Das stammt aus einem tiefverwurzelten Mißverständnis zwischen unserem Höheren Selbst, unserem Basis-Selbst und unserem Bewußten Selbst, einem so weitverbreiteten Mißverständnis, daß fast jeder darunter leidet: Wir haben uns davon abhängig gemacht, daß die Außenwelt unsere inneren Bedürfnisse befriedigt. Doch letzten Endes können innere Bedürfnisse nicht von außen befriedigt werden.

Das »Gib-was-du-brauchst-Prinzip« hilft uns, diese innere Verwirrung zu beseitigen. Es besagt:

Wenn wir Mohrrüben haben wollen, müssen wir Mohrrüben säen;
Wenn wir Radieschen haben wollen, müssen wir Radieschen säen;
Wenn wir Liebe haben wollen, müssen wir Liebe säen;
Wenn wir Verständnis haben wollen, müssen wir Verständnis entgegenbringen;
Wenn wir von anderen Menschen anerkannt werden wollen, müssen wir Anerkennung geben;
Und wenn wir uns geliebt fühlen wollen, müssen wir Liebe schenken.

Diese Grundsätze mögen den meisten von uns bekannt vorkommen. Doch ein gründlicher Blick wird uns zeigen, daß wir meistens nur etwas hergeben, um etwas zurückzubekommen. Wir zeigen uns liebevoll, um wiedergeliebt zu werden; wir hören verständnisvoll zu, damit auch die anderen uns zuhören; wir schenken Anerkennung und machen Komplimente, damit wir das gleiche erhalten. Hinter all diesen Handlungen steckt unsere Bedürftigkeit, und solche Manipulationen können auch nicht funktionieren, da zu viele Bedingungen daran geknüpft sind.

Das »Gib-was-du-brauchst-Prinzip« wurzelt in einer tieferen Erkenntnisebene und basiert auf dem allgemeingültigen Grundsatz: *Wenn wir etwas sehr brauchen, will unser Basis-Selbst uns damit sagen, daß wir genau davon am meisten geben müssen.*

Mit anderen Worten: Die Botschaft unseres Höheren Selbst erzeugt in unserem Basis-Selbst ein Gefühl, das unser Bewußtes Selbst fälschlicherweise als Entbehrung interpretiert: »Ich brauche Liebe (oder Verständnis oder Anerkennung).« Mit der Empfindung, die wir als »Ich brauche Verständnis« interpretieren, will unser Höheres Selbst uns durch das Basis-Selbst sagen, daß *wir selbst* unseren Mitmenschen mehr Verständnis entgegenbringen müssen.

Sobald wir dieses Prinzip verstanden haben und uns danach richten, ändert sich unsere Gemütsverfassung grundlegend. Das Gefühl der Entbehrung weicht einer Stimmung der Offenheit und des Überschwanges. Aus einem Energievakuum wird ein Mensch, der Energie verströmt. Eine Quelle des Schmerzes verwandelt sich in ein Leuchtfeuer der Freude.